Antje Krause

1 × HACKEN
SPART
2 × GIESSEN

Mit klugen Ideen Wasser, Strom und Co. im Garten bewusster nutzen

INHALT

Gute Gründe 4

Nachhaltig und bewusst: die Basics 7

Nachhaltig gärtnern: so einfach? 8

Die Natur als Vorbild 10

Effizienz im Garten 16

Nicht perfekt, aber bewusst 18

Wasser sparen 21

Basiswissen: Wasser im Garten 22

Womit gießen? 26

#machsnachhaltig

Regenwasser auffangen 28

feature

Wasser recyceln 32

Schlau gießen 34

With a little help: Bewässerungssysteme ... 38

feature

Wissensdurst? Tipps für die
Bewässerung 40

#machsnachhaltig

1x Hacken spart 2x Gießen 42

Den Boden verbessern 44

Den Boden schützen 46

#machsnachhaltig

Gut gemulcht ist halb gegossen 48

feature

Mulchen extrem: Markus Gastls
Mulchwurst 52

Standortgerechtes Pflanzen 54

Trockenheitstolerante Pflanzen 56

Energie sparen: Strom und Sprit 59

Basiswissen: Energie 60

Energie einsparen 66

Es werde Licht … 70

Lichtbringende Pflanzen 74

#machsnachhaltig

Sonnenenergie nutzen:
Frühbeet bauen 76

feature

Die Physik für sich arbeiten lassen 80

#machsnachhaltig

Notfall-Heizung fürs Gewächshaus 82

Gartengeräte-Detox 84

#machsnachhaltig

Gartentechnik-Fasten 86

Benziner, Elektro- oder Handgerät 88

feature

Rasen versus Wiese 92

Energie sparen: Weiter gedacht   97

Die Energie des Gärtners   98

feature

Sich die Arbeit leichter machen   102

feature

Weniger Fahrten, weniger Sprit   104

Refuse, repair & recycle   110

#machsnachhaltig

Pflanzennachwuchs im
Upcycling-Topf   112

#machsnachhaltig

Pflanzerde aus Kompost & Co.   114

feature

Die Sache mit dem Torf …   120

#machsnachhaltig-Infos   123

Bezugsquellen   124

Zum Weiterlesen   124

Im Netz   125

Über die Autorin   125

Mein Dank   125

Register   126

Setze die natürlichen **Ressourcen** mit **Bedacht** ein – und du wirst **keinen Mangel** verspüren, sondern **in Fülle gärtnern**.

MIT DEM KLIMA – NICHT DAGEGEN

→ Die letzten Sommer waren Spitzenreiter bei den Wetteraufzeichnungen in Sachen Hitze und Trockenheit. Und die nächsten Jahre werden noch viele solcher Monate bereithalten. Wer dem mit Gießkanne und Schlauch begegnen möchte, kämpft gegen Windmühlen. Besser ist, sich mit seiner Pflanzenauswahl darauf einzustellen und mit ein paar Tricks die Lage in seinem eigenen grünen Reich zu verbessern.

NACHFOLGENDE GENERATIONEN

→ Darf man sich alles nehmen, nur weil es theoretisch zur Verfügung steht? Die Antwort ist klar. Es ist sehr viel verantwortlicher, mit nicht erneuerbaren Energien sorgsam umzugehen und Alternativen der Stromgewinnung zu fördern, auf energiesparende Geräte und Leuchtmittel zu setzen und ein weiteres wertvolles Gut mit Samthandschuhen anzufassen: den Boden. Denn ausgelaugte Böden, aus denen Nährstoffe ausgewaschen wurden und Humus fortgeweht oder weggespült wurde, sind schwer wieder aufzubauen. Guter, fruchtbarer Boden braucht wieder mehr Beachtung, er braucht Wertschätzung und Schutz.

DEN CO_2-AUS-STOSS MINDERN

→ Beim Verbrennen von Kohle, Erdöl und Erdgas werden hohe Mengen an Treibhausgasen, vor allem Kohlenstoffdioxid (CO_2) ausgestoßen, die maßgeblich für den Klimawandel verantwortlich sind – Grund genug, jede Nutzung dieser fossilen Energiequellen auf den Prüfstand zu stellen. Welche motorisierten Geräte brauche ich wirklich im Garten? Und welche Alternativen gibt es?

FÜR GESUNDE GÄRTEN

→ Gärten sind künstliche Gebilde, die die Natur nachahmen, und doch laufen in ihnen dieselben Prozesse ab. Gärten, die mit der Natur gehen, sind erstaunlich vielschichtige, vielbevölkerte Lebensräume: von kleinen Springschwänzen in der Erde bis zum Eichhörnchen in den Baumwipfeln. In gesunden Gärten ist (fast) alles im Kreislauf, alles ist in Balance aus Werden und Vergehen, vieles reguliert sich selbst – sofern der Gärtner nicht zu sehr eingreift. Eine Gartentechnik-Fastenkur (Seite 86) ist genau das richtige Mittel zur Sensibilisierung.

VIVA LA VIELFALT

→ Wenn man nur mit dem Wasser arbeitet, das einem die Natur auf seinem Fleckchen Erde zuteilt, werden bestimmte Gewächse schwerlich überleben. Und das kann eine Chance sein! Tschüss Garten-Einerlei aus Rasen, Rosen, Phlox und Thuja! Es wartet etwas Besseres, und zwar robuste und vor allem regionstypische Pflanzen. Im Idealfall sehen die Bepflanzungen dann höchst unterschiedlich aus: Gärten in der Uckermark anders als in der Eifel, Beete an der Ostseeküste anders als im Schwarzwald ... Vorteil einer variantenreichen Flora: Auch die Tierwelt findet mehr Nischen und die Artenvielfalt nimmt zu. Und Artenreichtum schafft Widerstandsfähigkeit im Ökosystem Garten.

MONEY, MONEY, MONEY

→ Strom, Benzin und Trinkwasser sparen heißt auch Geld sparen! Daher ist jede Anregung willkommen, wie man den Stromverbrauch senken, Autofahrten und Warentransporte minimieren und Regenwasser sammeln kann. In diesen Fällen bedeutet Geld sparen keinen Verzicht, sondern einen Gewinn für die Umwelt.

FÜR DIE ENT-SCHLEUNIGUNG

→ Wir brauchen kein schneller, weiter, höher. Es ist eine gute Erfahrung zu erleben, dass man mit wenig Wasser und auch mit weniger Energie sehr gut im Garten zurechtkommt. Mit den richtigen Ideen werden die Lieben zu Hause dennoch gesundes Gemüse auf dem Tisch haben und die Nachbarn trotzdem den Blütenreichtum im Vorgarten bewundern. Die Arbeit mit den eigenen Händen, dem eigenen Körper, in gemächlichem Tempo ist für viele zunächst ungewohnt, dann aber erstaunlich befriedigend. Der Garten erdet uns, wenn wir uns auf seine Geschwindigkeit einstellen – und die liegt eben nicht bei 200 km/h wie die eines Laubbläsers!

WEGEN DEM NERV-FAKTOR

→ Wo viel Technik involviert ist, kann auch viel kaputtgehen. Und dann ist erst mal Ende im Gelände und man kann nicht das erledigen, was man sich vorgenommen hatte. Zu eigenen Reparaturen sind nur die allerwenigsten imstande, und falls doch, fehlt mit Sicherheit ein spezifisches Ersatzteil. Manchmal sind die herkömmlichen Handmade-Methoden die am wenigsten störanfälligen Ansätze, und unterm Strich ist man genauso schnell wie motorisiert – nur nicht so genervt.

NACHHALTIG UND BEWUSST: DIE BASICS

Nachhaltigkeit ist ein großes Wort. Es bedeutet, dass man verantwortlich haushaltet und alles unterlässt, was nachfolgende Generationen vor ein Problem oder vor einen Mangel stellen könnte. Die Schonung der natürlichen Ressourcen ist dabei ein großes Thema. Um ein Gefühl für nachhaltiges Gärtnern zu bekommen, ist es sinnvoll, sich genauer anzuschauen, wie die Natur ihre ewigen Kreisläufe gestaltet.

NACHHALTIG GÄRTNERN: SO EINFACH?

Eigentlich wäre Nachhaltigkeit mit einem einfachen, plausiblen Konzept umzusetzen: Jeder verbraucht nur so viel, wie er im Hier und Jetzt zur Verfügung hat. Nicht mehr. Und wenn die Ressource, mit der man liebäugelt, in der Lage ist, sich neu zu bilden, kann man erst wieder auf sie zurückgreifen, wenn Nachschub da ist. Wenn alle, dann alle! Wenn man klug haushaltet, wird man gut über die Runden kommen. Und es ist auch nicht verkehrt, etwas von der Ressource übrig zu behalten – für schlechte Zeiten oder auch für die, die nach uns kommen. Das lässt sich auf beliebig viele Lebensbereiche und Ressourcen beziehen: aufs Geld, aufs Erdöl, aufs Wasser, auf die Packung Milch im Kühlschrank – und eben auch auf den Garten. Wenn wir es hier schaffen, unseren Wasser- und Energiebedarf zu senken, und ein wenig an unseren Einkaufsgewohnheiten feinjustieren, ist viel gewonnen – sowohl für die Umwelt als auch für unser Portemonnaie und unser Lebensgefühl.

So einfach die Theorie! Aber das konsequente Handeln fällt schwer. Zu verlockend sind die Angebote, „nur ein kleines bisschen mehr" vom Anteil nachfolgender Generationen abzuknapsen in der Hoffnung, dass die dann schon andere Technologien zur Verfügung haben und das dann „schon irgendwie hinkriegen" werden. So schwarz auf weiß zusammengefasst, leuchtet der Egoismus ganz schön heraus. Im Alltag verwischen die Grenzen, nicht zuletzt deshalb, weil man als Verbraucher nicht immer alle Konsequenzen und Wechselbeziehungen im Blick hat.

Mikrokosmos Garten

Keine Sorge, dies ist kein Buch über Weltuntergang und Schuldzuweisungen, im Gegenteil: Der Garten leuchtet einem Grün wie die Hoffnung entgegen. Er ist eine eigene Welt mit einem Gartenzaun drumrum, in der man selber König oder Königin ist und ganz allein entscheidet, welche Ressource wie eingesetzt wird. Und ein Garten ist reich an Ressourcen! Es gibt Wasser, das vom Himmel fällt, einen Boden, der Pflanzen beherbergt und ernährt, Biomasse, die wiederum den Boden fruchtbar erhält oder ihn gar erst fruchtbar macht, und Tiere und Mikroorganismen, die ebenfalls ihren Beitrag leisten. Nur ist nicht alles zu jeder Zeit verfügbar und nicht in den Mengen, die man sich vielleicht wünschen würde, erst recht nicht im Auge des Klimawandels. Das Schöne ist aber, man kann viel dafür tun, damit das System Garten ein stabiles, gesundes, ja nachhaltiges System wird und bleibt. Vielleicht, nein, ganz bestimmt wird es ein anderer Garten sein als der unserer Großmütter.

Herausforderung angenommen!

Die Aufgabe ist nun, naturfreundlich zu lenken, liebevoll zu umsorgen, wo nötig, und die Natur machen zu lassen, wo diese eigene effektive Lösungsansätze hat.

In solch einem funktionierenden Mikrokosmos bleibt auch Raum für ein paar unserer Sperenzchen: von Gartenzwerg bis Hängematte. Herauskommt ein schöner, für Mensch und Natur nutzbringender Raum im Gleichgewicht. Und „Gleichgewicht", „Balance" oder „Kreislauf" sind Zauberworte, die noch mehrmals in diesem Buch auftauchen wer-

den. Ein stabiler gesunder Garten ist ein System im Gleichgewicht: Jedes Rädchen im großen Ganzen hat seine Aufgabe und seine Abhängigkeiten von anderen Rädchen. Besser man baut keines aus ...

DIE NATUR ALS VORBILD

Will man einen Garten nachhaltig pflegen und vor allem mit Wasser und Energie sinnvoll haushalten, ist die Natur die beste Lehrmeisterin. Über Millionen Jahre hinweg hat sie Mechanismen entwickelt, um denselben Herausforderungen zu begegnen, mit denen wir als Gärtner im Kleinen umgehen müssen: das Vergehen von jenen Pflanzen vermeiden, die ihren Entwicklungszyklus noch nicht vollendet haben, die Bestäubung fördern, Böden fruchtbar erhalten, alle Pflanzen, Tiere, Pilze, Viren und sonstige Organismen ernähren und ihre Zahl im Gleichgewicht halten. Dazu gehört ausdrücklich auch, Krankheits- und Schadorganismen als Teil des großen Ganzen zu verstehen und ihnen eine Daseinsberechtigung zuzugestehen – nur überhandnehmen sollten sie nicht.

Wer versteht, wie die Natur reagiert, kann vieles – im Kleinen – auf den Garten übertragen. Und im Hinblick auf unsere Arbeitskraft und unsere Zeit: Die Natur ist effizient. Abgucken lohnt sich also in vielerlei Hinsicht!

Vielfalt macht widerstandsfähig

Ein stabiles Ökosystem stützt sich auf viele Akteure und Komponenten: Flora und Fauna, Mikroorganismen und Pilze, Boden und Klima. Intakte Natur zeichnet sich durch ein Ineinandergreifen dieser Bausteine aus. Biodiversität schafft Widerstandsfähigkeit. Das leuchtet ein: Ein Ökosystem, das auf wenigen Schultern ruht, droht ernstlich zusammenzubrechen, wenn nur ein Stützpfeiler ausfällt. Ein mannigfaltiges Ökosystem dagegen, das auf vielen Schultern ruht, kann mit dem Wegbrechen einer Stütze besser zurechtkommen. Das System verändert sich in diesem Falle zwar, wird sich aber aller Voraussicht nach schnell neu ordnen, weil ein anderer Akteur die Lücke füllt.

Das kann man gut auf den Garten übertragen. Hier sollten nicht nur Prachtstauden und Obstbäume Platz finden, sondern vielerlei Gewächse: Bodendecker, Stauden und Gehölze, auch solche mit früher Blüte als Bienennahrung, Kräuter, Zier- und Nutzpflanzen aller Couleur, von allein siedeln sich meist Pflänzchen in Mauerritzen und Pflasterfugen an, Moose und Flechten, Pilze und spezialisierte Käfer am Totholz, andere Nützlingsinsekten und Singvögel und viele viele mehr.

Gartengestaltungen, die sich an der Natur orientieren, sind zeitlos schön und unabhängig von Trends.

Natürliche Vorgänge, wie das Verrotten von Totholz, kann man im Garten inszenieren und auf diese Weise Kunstwerke schaffen.

Ein Stück toter Stamm, aber dennoch voller Leben: Pilze, Moose, Flechten, Insekten und Mikroorganismen leben hier und erfüllen ihre von der Natur vorgesehene Aufgabe.

Bodenschutz und kleinräumige Kreisläufe

In der Natur vollziehen sich viele Kreisläufe in einem relativ kleinen räumlichen Maßstab. Ein Samen keimt, der Schössling wird zum Baum, blüht und trägt Früchte, diese werden von Vögeln gefressen. Die Samen werden wieder ausgeschieden, einige keimen und wachsen heran – der Kreislauf beginnt von vorn. Das geschieht in der Regel in einem Umkreis von mehreren Metern, aber in der Regel nicht zig Kilometer entfernt, geschweige denn in einem anderen Land der Welt.

Im Herbst fallen die Blätter auf die Erde, durch Wind oder Sturm höchstens ein paar Meter weiter geweht. Altersschwache Äste brechen ab und fallen zu Boden. Die oberirdischen Reste der Stauden vergehen über den Winter. All dieses ehemals lebende, nun tote Material bleibt mehr oder weniger nah bei seinem Erzeuger liegen – und dieser profitiert davon.

Diese Streu genannte Schicht schützt zum einen den Boden ganz unmittelbar, weil sie Wind und Hitze den direkten Angriffspunkt nimmt. Sie wirkt der Verdunstung von Wasser aus dem Boden deutlich entgegen und ist temperaturausgleichend – wenn du beim nächsten Waldspaziergang im Hochsommer einmal die Streuschicht zur Seite schiebst und einen Finger in den Boden steckst, wirst du beides merken.

Zum anderen zersetzt sich die Streu nach und nach mehr oder weniger direkt unter dem Gewächs, von dem das Material stammt. Zur pflanzlichen organischen Substanz gesellen sich auch tierische Komponenten: Kadaver und Kot. Auch diese „Zutaten" sind Teil des Kreislaufs. Selbst im Garten! Für die physische Bedeckung des Bodens als Schutzmantel vor Erosion und Hitze spielt dieser tierische Anteil natürlich keine große Rolle, sehr wohl aber zur Humusbildung. Denn während von oben ständig neues Material hinzukommt, machen sich von

Wer Hühner halten möchte, kann sie in den Kreislauf des Gartens mit einbinden.

unten her sogenannte Destruenten (Zersetzer) an der Schicht zu schaffen. Sie zerkleinern und zersetzen das Material – jeder Mikroorganismus, jedes Springschwänzchen, jeder Regenwurm hat dabei seine spezielle Aufgabe. Sie wandeln das Material in wertvollen Humus um.

Humus trägt zur Fruchtbarkeit des Bodens bei und sorgt dafür, dass die Pflanzen wachsen und Biomasse bilden können, die irgendwann ebenfalls zu Boden fällt und dann ihrerseits die Streuschicht bildet. Kreislauf vollendet.

Und was können wir für den eigenen Garten daraus ableiten? Wir haben alle Komponenten zum Aufbau fruchtbarer Erde vor Ort! Es ist kontraproduktiv, auf der einen Seite Gehölzschnitt auf den Grünschnittplatz zu fahren und den Rasenmäherfangkorb in die Biotonne zu entleeren und gleichzeitig sackweise Dünger und Erden aus dem Gartencenter heranzukarren. Einschränkungen sollte man nur bei Wurzelunkräutern wie Quecke und Giersch (sie dürfen in die Biotonne) und bei kranken Pflanzenteilen (sicherheitshalber in den Hausmüll) machen. Alles andere findet im Kreislauf des Gartens Platz, sei es als Mulch (Seite 48), im Kompost oder Flächenkompost (Seiten 48 und 51). Wer Hühner hält, kann sogar sie in den Kreislauf miteinbeziehen. Nicht mehr so schöne Blätter vom Salat, schossende Kohlköpfe, Vogelmiere und ausgestochener Löwenzahn schmeckt ihnen vorzüglich. Und so wandern nicht die genannten Pflanzen an sich auf den Kompost, sondern die Hühnerhaufen – mit anderen Bioabfällen zusammen verrottet ergibt das besten Dünger. Übrigens: Hühnermist niemals frisch auf Pflanzen aufbringen; das ist zu scharf und würde die Feinwurzeln schädigen.

NICHTS REIN, NICHTS RAUS …

Wenn man den Kreisläufen der Natur im Garten Raum und Zeit gibt und so wenig wie möglich wegtransportiert bzw. von außen hineinbringt, bringt das viele Vorteile:

- Bodenverbesserung zum Nulltarif
- Tiere und andere nützliche Organismen wandern in den Garten ein und vermehren sich, dadurch Vergrößerung der Artenvielfalt und Stabilisierung des Ökosystems
- Kraftstoffverbrauch und Abgase reduzieren: weniger Fahrtwege zum Grünschnittplatz, Kompostwerk oder Gartencenter
- Zeitersparnis
- Geld sparen
- geringere Gefahr des Einschleppens von Krankheitserregern oder Schädlingen

Viele meiden das Wort „Unkraut" und sagen stattdessen „Wildkraut". Da sich „Unkraut" aber im gärtnerischen Jargon etabliert hat, wird der Begriff auch in diesem Buch verwendet. Es kommt ja nicht auf das Wort an, sondern auf die Einstellung ...

Sukzession verstehen

In der Natur sieht man offenen Boden selten (von pflanzenfeindlichen Lebensbereichen wie zum Beispiel Wüsten mal abgesehen). Er wird meist nur nach gravierenden Störungen im Ökosystem sichtbar, beispielsweise nach Erdrutschen oder bei Kratern von im Sturm entwurzelten Bäumen. Unkraut entfernen und Umgraben sind gut gemeinte gärtnerische Tätigkeiten, entsprechen in kleinerem Maßstab im Ergebnis aber diesen eben genannten Störungen. Nach solchen Eingriffen versucht die Natur, die „Wunden" schnellstmöglich zu schließen, um den Boden mitsamt den darin lebenden Bodenorganismen und der kostbaren Humusschicht zu schützen und die Verdunstung zu mindern. Ziele, die auch der nachhaltig agierende Gärtner auf seiner Wunschliste hat.

Also, was macht die Natur? Zuerst zeigen sich kleine krautige Pflanzen, die aus vom Wind herbeigewehten Samen oder aus der sogenannten Diasporenbank treiben. Das sind Samen, Rhizomstückchen usw., die sich bereits im natürlichen Vorrat des Bodens befinden. Parallel dazu beginnt die gestörte Fläche, von den Rändern her zuzuwachsen, indem sich umliegende Pflanzen ausbreiten. Je gestörter der Boden, desto wahrscheinlicher ist eine erste Besiedlung mit einfachen, anspruchslosen und kurzlebigen Pflanzen; sie sterben bald ab und bilden Humus. Je mehr Humus sich gebildet hat, umso anspruchsvollere und langlebigere Pflanzen finden gute Bedingungen und gedeihen. Ließe man den Dingen ungestört freien Lauf, würde am Ende vielerorts ein Wald entstehen.

Im Garten lässt man es natürlich nicht so weit kommen. Aber auch hier passieren diese Mechanismen: Vogelmiere und Co. sprießen nach wenigen Tagen aus dem gut genährten, frisch gejäteten Boden. Wer Sukzession versteht, versteht auch, warum es dazu kommt. Immer wieder! Der Drang der Natur, offenen Boden zu seinem Schutz zu bedecken, ist unheimlich stark. Es ist ein wesentliches Prinzip der Natur.

Mikroklima zum Anfassen: Steigt man die paar Stufen in einen Senkgarten hinab, kann man den Unterschied zum übrigen Garten sofort spüren: Hier ist es windstiller, geschützter und wärmer.

Nun kann sich der Mensch entscheiden: Er kann gegensteuern und jäten, jäten, jäten. Oder er kann darauf vertrauen, dass die Natur dies aus gutem Grund tut, und daher im Garten am gleichen Strang ziehen und den Boden zumindest so bedecken, wie es ihm ins gestalterische Konzept passt (mehr dazu auf Seite 46).

Unterschiede im Mikroklima

Im Garten lernt man viel durch genaues Beobachten. Ein Beispiel: Im zeitigen Frühjahr, wenn manche Nächte noch Frost bringen, tauchen Unterschiede schon innerhalb weniger Meter auf: Stauden gleicher Art treiben an einer Stelle bereits aus, an anderer scheinen sie noch im tiefsten Winterschlaf.

Was zeigt das? Im Bereich der Frühstarter ist der Platz wahrscheinlich sonniger, auf alle Fälle aber geschützter. Bei den Stauden im Winterschlaf greifen Frost und kalter Wind mehr an, eventuell verläuft hier eine Kaltluftschneise.

Wer aufmerksam durch seinen Garten geht, wird diese verschiedenen sogenannten Mikroklimata „lesen" lernen. Ein Mikroklima ist ein mehr oder weniger kleinräumiger Bereich, der ein von der Umgebung abweichendes Klima aufweist, geprägt durch die spezifische Sonneneinstrahlung, Windexposition, die Geländeform (Hügel oder Mulde), Abschirmung und Schutz oder Luftverwirbelungen, hervorgerufen durch bauliche Strukturen und auch durch die Vegetation. Letztere entscheidet wiederum durch die Verdunstung über die Luftfeuchte ... und und und.

Es versteht sich von selbst, dass man seine Gartengestaltung besser an das Mikroklima anpasst als anders herum. Nichtsdestotrotz kann man ein paar Faktoren optimieren, zum Beispiel eine Hecke zum Bremsen des Windes pflanzen, oder gar durch eine größere bauliche Aktion ein neues Mikroklima schaffen, einen geschützten Senkgarten zum Beispiel.

EFFIZIENZ IM GARTEN

Einen natürlichen Garten gibt es nicht, ein Garten ist immer menschengemacht. Aber „naturnah" ist völlig in Ordnung! Naturnah heißt, die Strukturen und Prozesse der Natur gewähren zu lassen – unter des Menschen ordnender Hand.

Ein sparsamer Garten für die Natur

Wie auf den vorherigen Seiten beschrieben, macht die Natur aus allem Natürlichen, was irgendwo abfällt, wegfällt, nicht mehr gebraucht wird oder abstirbt, etwas Neues. Diese Umwandlung – das „Recycling der Abfälle", wenn man es so nennen will – findet in sehr kleinräumigem Maßstab statt. Energieverschlingendes Hin- und Hertransportieren? Fehlanzeige. Wenn Transport, dann findet er energiesparend (zum Beispiel durch den Wind) oder quasi nebenbei (wenn sich Samen im Fell von Tieren verhaken) statt. Die Natur ist effizient!

Nachhaltig, aber nicht haltbar

Alles ist Teil eines immer wiederkehrenden Auf- und Abbaus. Und so kann ein Garten zwar nachhaltig, aber niemals haltbar sein. Ständig herrscht Wandel, sowohl in funktioneller als auch in optischer Hinsicht. Und das ist gut so! Was gestern als Zweig am Baum Blätter und Früchte trug, verwendet der Gärtner heute als Staudenstütze, ist in einem Jahr in Stücke gebrochen und in zwei Jahren wahrscheinlich zu Humus geworden. In der Zwischenzeit hat dieses Stückchen Holz unzählige Organismen ernährt. Nachhaltig, aber nicht haltbar! Dieses Beispiel zeigt, was ein naturnaher Garten mit Sparsamkeit zu tun haben kann: Die Dinge erfüllen mehrere Funktionen im Laufe ihres Daseins. Das Schöne dabei ist, dass keine künstlichen Komponenten, keine Plastikbeschichtung oder Lack, keine Weichmacher, kein Kleber mit im Spiel sind.

DIE NATUR FABRIZIERT KEINEN „MÜLL". WAS SEINE FUNKTION NICHT MEHR ERFÜLLT, WIRD UMGENUTZT.

Nur die Harten kommen in den Garten

In der Natur wird kein Gewächs bevorzugt. Nichts wird gehätschelt und gepäppelt. Wem die Bedingungen nicht schmecken, leidet Durst und Nährstoffmangel, kränkelt, geht letztlich ein und verrottet – ohne Sentimentalität. Wer dagegen gut an den Standort angepasst ist, wird groß und kräftig, vermehrt sich und breitet sich aus – und diese Vitalität ist nebenbei gesagt völlig unabhängig von Blütenfarbe oder Wuchsform äußerst attraktiv.

Ein sparsamer Garten für mich

Denken wir an Sparsamkeit, denken wir sofort ans liebe Geld, weiterhin auch an unsere wertvolle Zeit sowie Energie und Arbeitskraft. So ist es keine Überraschung, dass auch diese Aspekte Komponenten eines „sparsamen Gartens" sind. Die gute Nachricht ist: Gärten, in denen sinnvoll mit der Natur gegärtnert wird, sind häufig zugleich freundlich zu unseren Portemonnaies: weniger Neukäufe, weniger Bodenverbesserer und Dünger.

Das Reduzieren des Strom-, Kraftstoff- und Wasserverbrauchs ist also nicht nur wichtig für die Schonung der natürlichen Ressourcen und für die Minderung schädlicher Emissionen, sondern bringt uns persönlich einen finanziellen Vorteil. Manchmal lockt auch eine Zeitersparnis – und Freizeit ist für viele ein noch höheres Gut als Geld. Mehr dazu findest du ab Seite 98.

Ein Denkanstoß: Permakultur

Um einen gedanklichen Zugang zum nachhaltigen Gärtnern zu bekommen, kann man sich an den Grundprinzipien der Permakultur orientieren. Permakultur ist eine Entwurfsmethode für landwirtschaftliche Höfe und auch für Gärten, die im Einklang mit der Natur bewirtschaftet werden

sollen. Das Ziel ist aber ausdrücklich auch, einen möglichst großen Nutzen für den Menschen zu erreichen, sprich eine gute Ernte einzufahren – nur eben nicht zulasten von Natur, Umwelt oder nachfolgenden Generationen. Bei der Permakultur geht es schwerpunktmäßig um Folgendes:

- natürliche Prozesse steuern, sie aber nicht aufhalten oder in unnatürliche Richtungen zwingen
- funktionierende Ökosysteme auf dem eigenen Grundstück nachahmen
- Gartenbereiche optimal räumlich ausnutzen, indem verschiedene Nutzungen auf ein und derselben Fläche kombiniert werden
- Verzicht auf Kunstdünger, Pestizide und Insektizide

Das passt doch auch zum sparsamen Garten im weitesten Sinne, oder etwa nicht?

DIE FÜNF R'S

Ursprünglich wurden die fünf R's in Bezug auf Abfallvermeidung angewendet – ein wichtiger Grundsatz der Permakultur. Heute dienen sie auch losgelöst von der Permakultur als ein Motto des Zero-Waste-Trends: refuse (widerstehen), reduce (reduzieren), reuse (wiederverwenden), repair (reparieren), recycle (verwerten). In manchen Publikationen wird ein sechstes R aufgezählt: rot (verrotten).

NICHT PERFEKT, ABER BEWUSST

Dieser Garten ist von Perfektion weit entfernt, aber in seiner Schlichtheit und Natürlichkeit liegt ein besonderer Zauber.

Möchtest du einen sparsamen Garten haben, musst du nicht auf Teufel komm raus Wasser und Energie einsparen, schließlich sind Elektrizität, motorisierte Geräte und künstliche Bewässerung Errungenschaften unserer Zivilisation. Und bei allen guten Absichten darf man auch nicht vergessen: Der Mensch ist ein „Augentier". Der Garten darf und soll ein Garten bleiben und nicht zu einem rümpeligen Areal nach dem Motto „bloß nicht eingreifen" mutieren – so viel vorab.

Vielmehr soll es darum gehen, aus den mannigfaltigen Möglichkeiten, die uns allen geboten werden, eine sinnvolle Auswahl zu treffen und im einen oder anderen Fall auch mal „nein danke" zu sagen. Dabei kommt es auf die Verhältnismäßigkeit an: Wir wollen der Umwelt zuliebe die Ressourcennutzung reduzieren, unseren Besitz verschlanken, Ballast abwerfen und die Kostenübersicht behalten – und das Ganze ohne unseren Lebensstandard zu senken. Ein Gleichnis aus dem Haushalt macht es plausibler: Wir wollen nicht den Herd verbannen und zum Kochen auf offenem Feuer zurückkehren, sondern wir wollen die elektrische Zitruspresse, die (fast) niemand braucht, herausfiltern und ausmustern. Aber wer weiß, was für den einen ein Staubfänger ist, ist bei jemand anderem vielleicht täglich in Gebrauch. Also los, gehen wir auf die Suche nach unserer ganz persönlichen „Zitruspresse".

Dieses Buch möchte Anregungen geben, was man unter einem naturnahen Garten verstehen kann und auf welchen Wegen man die Nutzung von Wasser und Energie reduzieren könnte. Vieles greift ineinander, und so reduzieren manche Energiesparprojekte gleichzeitig die Arbeitszeit des Gärtners. Solche Win-win-Ideen, die sich für genau deinen Garten eignen, gilt es zu finden! Im besten Falle versteht man das natürliche Prinzip dahinter und hat damit die Möglichkeit, auf ganz individuelle Lösungen zu kommen. Jeder sucht sich das heraus, was einem am meisten einleuchtet – vielleicht ist das ja erst der Einstieg in viele neue spannende Gartenprojekte, ins Diskutieren mit Freunden und Nachbarn und in eine ganz neue Sicht auf die Dinge.

Wer die **Prinzipien der Natur versteht**, kann **individuelle Lösungen** finden.

Ich fang' schon mal an …

Man kann tatsächlich jeden Tag einen kleinen Unterschied bewirken. Mit seinen Kaufentscheidungen zum Beispiel: Setze ich die Hortensie in meinen Sandboden, obwohl ich weiß, ich muss wässern, wässern, wässern? Nehme ich die torfhaltige Erde oder die teurere torffreie? Brauche ich das Mini-Anzuchthaus oder verstopft es mir monatelang nur das Schuppenregal? Ist die Verpackung recycelbar? Und auch mit kleinen, scheinbar banalen Tätigkeiten setze ich Akzente: Kippe ich den Teerest in den Ausguss (und damit in die Kanalisation) oder in die Blumen vor dem Haus? Setze ich die Spinne ins Freie oder haue ich sie auf dem Küchenfußboden zu Brei?

Und dann fang ich nochmal an

Auch wenn wir uns noch so sehr vornehmen, ab sofort alles im Einklang mit der Natur zu machen, werden uns Zeitdruck, manchmal Unwissenheit, auch mal Faulheit und ja, vielleicht auch das Nase-rümpfen der Schwiegermutter dazu bringen, in alte Muster zurückzufallen. Kein Drama. Einfach noch einmal neu überdenken, neu machen, anders machen.

Bitte kein Tabula rasa

Schön, wenn du dich mit ganzem Herzen dem nachhaltigen Gärtnern verschrieben hast und schon die Ärmel hochkrempelst. Aber halt, nicht alles umstürzen! Eine immergrüne Schnitthecke, die seit Jahrzehnten wächst, das Grundstück einsäumt, Schutz vor Wind und Blicken liefert, Vögeln und Insekten, dem Igel und wer weiß wem noch alles Unterschlupf bietet, sollte man nicht mit dem Aufschrei „iiih, Monokultur!" roden, um Platz für eine freiwachsende Hecke zu machen. Besser ist die Devise, bei freien oder frei werdenden Flächen – zum Beispiel wenn eben jene Hecke dann doch einmal das Zeitliche segnet – genau zu überlegen, welche umwelt- und ressourcenschonenden Möglichkeiten sich nun auftun.

WASSER SPAREN

Die durch den Klimawandel hervorgerufenen Wetterkapriolen und die zunehmende Bewusstmachung von Umweltproblemen generell verlangen nach einem Innehalten und einer Neuausrichtung beim Gärtnern. Wie können wir heute anders wirtschaften als unsere Großeltern, ohne aus einem Mangel heraus zu agieren? Wir wollen unseren Herzensgarten anlegen, aber dennoch so wenig wie möglich vom kostbaren Nass verschwenden.

BASISWISSEN: WASSER IM GARTEN

Wasser ist Lebenselixier: für Mensch, Tier und Pflanzen – so einfach ist das. Und wenn wir uns die heißen, trockenen Sommer der letzten Jahre vergegenwärtigen, wo Landwirte und Hobbygärtner gleichermaßen nach Regen lechzten, wird einem schon mal mulmig zumute. Laut Klimaforschern und Meteorologen müssen wir uns wohl oder übel auf Wetterextreme einstellen: lange Perioden der Trockenheit, vor allem im Sommer und Herbst, wenn es regnet, dann häufig entweder ähnlich des berühmten „Tropfens auf den heißen Stein" oder aber in überbordenden Mengen auf einen Schlag. Wenn die Flächen vorher knochentrocken waren,

kann sich jeder die Resultate vorstellen: Der Boden kann die plötzlichen Wassermassen nicht schnell genug aufnehmen, sie stehen auf den Flächen bzw. das Wasser fließt ab und schwemmt unter Umständen Teile der wertvollen Humusschicht mit fort – Erosion wie aus dem Bilderbuch.

Im Großen sollten alle mithelfen, den Klimawandel zu verlangsamen und die Klimaziele zu erreichen, vor allem den Ausstoß von Kohlenstoffdioxid (CO_2) zu mindern. Aber auch im Kleinen kann man einiges tun, insbesondere den negativen Auswirkungen in unmittelbarer Nähe aktiv begegnen:

EIN ERGIEBIGER REGEN IST EIN GESCHENK. FAST MEINT MAN, DIE NATUR AUFATMEN ZU HÖREN.

1 MM NIEDER-
SCHLAG ENTSPRICHT
1 L /m².

- Regenwasser sammeln und zielgerichtet ausbringen, um das Überleben von Pflanzen in Trockenperioden zu sichern und ausgedörrte Böden zu vermeiden
- beim Regenwassersammeln für Starkregenereignisse (Seite 24) gewappnet sein
- Versickerungsmöglichkeiten schaffen, die das Wasser bei Starkregen aufnehmen können
- den Boden bestmöglich vor Erosion schützen: durch Bepflanzung und Mulchen
- die Kanalisation entlasten: Regenwasser auf dem Grundstück ins Grundwasser versickern lassen
- keine schädlichen Stoffe im Garten verwenden, die sich ins Grundwasser auswaschen könnten: Verzicht auf weichmacherhaltige Kunststoffe und Kunstdünger

ZAHLEN & FAKTEN

Ein Teil des Niederschlags verbleibt in kleinsten Hohlräumen im Boden und steht den Pflanzen zur Verfügung; ein anderer Teil sickert durch die oberen Bodenschichten und speist das Grundwasser. Das Grundwasser ist laut Umweltbundesamt die wichtigste Ressource für unser Trinkwasser, mehr als 70 Prozent des Trinkwassers wird aus Grundwasser gewonnen – ein Grund mehr, dieses zu schonen und nichts zu unternehmen, was es verschmutzen könnte.

Niederschlag messen

Angaben zu deutschlandweiten Niederschlagsmengen sind nur bedingt aussagekräftig (730–850 l/m² jährlich), denn der Sinn und gleichzeitig die Krux an statistischen Daten ist, dass sie gemittelt sind. So könnte die Region, die den Ausreißer nach unten darstellt, nur die Hälfte an Niederschlag verzeichnen im Vergleich zum Ausreißer nach oben. Selbst wenn man den Wert für die Region kennt, ist dieser für Gärtner nur ein kleiner Anhaltspunkt, schließlich müssen sie zahlreiche Sommertage ohne einen Tropfen Niederschlag meistern, bevor zwei Tage Dauerregen zwar die Monatsstatistik verbessern, in der Praxis aber Schäden anrichten.

Als Maß für den Niederschlag dient entweder die Niederschlagshöhe in Millimeter oder die Volumenangabe Liter pro Quadratmeter Fläche (l/m²). Letzteres kann sich der Laie meist bildlich besser vorstellen. Aber das eine kann wunderbar ins andere umgerechnet werden – 1 mm entspricht 1 l/m² – und dieses Wissen hilft beim „Bau" eines Regenmessers für den Garten. Natürlich kann man einen hübschen

Hochbeete trocknen schneller aus als bodenebene Beete – besser man hat vorgesorgt und Regenwasser gesammelt.

Regenmesser fix und fertig kaufen. Aber im Grunde genügt ein einfaches gerades (nicht konisches) Gefäß mit einem ebenen Boden, das waagerecht und frei im Garten aufgestellt wird. Hat es geregnet, braucht man nur ein Lineal oder Ähnliches hineinstellen und die Niederschlagshöhe abmessen. Wer nicht jedes Mal ein Lineal holen möchte, malt eine Skala ans Gefäß. Dabei spielt die Größe des Gefäßes übrigens keine Rolle, denn die Höhe des sich darin befindlichen Regenwassers ist immer gleich hoch, ob ich das Wasser aus einem kleinen Zylindergefäß oder einem Bassin ablese – Voraussetzung sind der gerade Boden und dass Gefäßöffnung und Boden die gleiche Flächengröße besitzen.

Weiterhin sind zwei weitere Dinge wichtig: Die Messung sollte möglichst kurz nach dem Regen erfolgen, damit die Verdunstung das Ergebnis nicht verfälscht; und das Gefäß muss nach jeder Messung (wer mag inklusive einer entsprechenden Notiz) geleert werden. Natürlich gibt es auch Regenmesser in digitaler Form mit Basisstation oder App-Verknüpfung. Damit kann man auch gleich seine eigenen Statistiken führen.

Übrigens ist die Regenmenge, die du im Regenmesser abliest, nicht unbedingt die Menge, die deinen Pflanzen zur Verfügung steht. Hier spielen weitere Faktoren mit hinein, wie Verdunstung, oberflächliches Abfließen von Regenwasser, schnelles Versickern in tiefere Bodenschichten bzw. die Wasserspeicherkapazität der oberen, durchwurzelten Bodenschichten usw.

Was ist Starkregen?

Als Starkregen gilt ein Regen, wenn viel Niederschlag innerhalb einer relativ kurzen Zeit fällt. Der Deutsche Wetterdienst (DWD) unterscheidet drei Stufen: Die schwächste Stufe beginnt bei 15 l/m² in einer Stunde und wird als „markante Wetterwarnung" ausgegeben, die stärkste Stufe rechnet mit einem stündlichen Niederschlag von mehr als 40 l/m². Um sich diese Größenordnung einmal vorzustellen: Bei einem Starkregen der moderaten Ausprägung, sagen wir von 20 l/m² innerhalb einer Stunde, fallen auf einem Hausdach mit 80 m² Fläche ungefähr 1 600 l Wasser an – das sind 160 randvolle 10-Liter-Wassereimer. Hier kann man sich vorstellen, dass Dachrinne, Fallrohr – und auch die Kanalisation – einiges auszuhalten haben.

Verdunstung ist schlecht ... oder?

Verdunstung ist nicht per se der Feind des Gärtners oder der Natur im Allgemeinen. Im Gegenteil: Verdunstung ist ein essenzieller Teil des Wasserkreislaufs: Es regnet (graupelt, hagelt oder schneit), das Wasser sickert in den Boden, fließt ins Grundwasser, in Flüsse, Seen und Meere und verdunstet irgendwann wieder. Dieser Wasserdampf kondensiert, Wolken bilden sich und transportieren die Feuchtigkeit, bis sie sie in Form von Niederschlägen wieder abgeben. Leider finden Verdunstung und Abregnung nicht am selben Ort statt, daher versucht der Gärtner, das Verdunsten auf seinem Grundstück zu minimieren. Im Grunde ist Verdunstung gut, wichtig und natürlich.

Und falls man irgendwo doch Wasser verdunsten lässt, vielleicht nachdem Zisterne und Wassertonne randvoll sind, wird man mit einem angenehmen Effekt auf das Mikroklima belohnt, besonders nach einem Wolkenbruch im Hochsommer: Die Verdunstung schafft Kühle.

Wasser sparen

Beim Wassersparen geht es nicht unbedingt nur um Verzicht, sondern vielmehr um kluges Haushalten. Wenn es regnet, ist kostenloses Wasser in Hülle und Fülle vorhanden – hier muss man Mittel und Wege finden, es für regenarme Zeiten aufzubewahren. Die Wasserverwendung im Garten zu reduzieren beinhaltet mehrere Aspekte:

- auf Trinkwasser zur Bewässerung verzichten
- möglichst viel Regenwasser sammeln, es ist kostenlos
- weniger Wasser benötigen: genügsame, zum Standort und den klimatischen Herausforderungen passende Pflanzen wählen
- das Wasser dort halten, wo es gebraucht wird: Verdunstung vermeiden, Wasserspeicherfähigkeit des Bodens verbessern
- cleveres Bewässerungsmanagement

ZAHLEN & FAKTEN

Laut Deutschem Wetterdienst (DWD) bewegt der Wasserkreislauf mehr als 500 000 km³ Wasser jährlich auf unserer Erde.

Ein Denkanstoß: Defizitbewässerung

Der Begriff Defizitbewässerung stammt aus der Landwirtschaft und bezeichnet eine bewusst suboptimale Bewässerung. Man hat nämlich beobachtet, dass sich sogenannter Trockenstress in bestimmten Wachstumsphasen kaum auf die Ernte auswirkt: Wenig (oder gar keine) Ernteeinbuße steht eine enorme Wasserersparnis gegenüber. In manchen Bereichen bringt Trockenstress sogar Vorteile: Im Weinbau beispielsweise sind nicht die größten Trauben das Ziel, sondern die gehaltvollsten – hier führt eine gezielte, zeitweise Defizitbewässerung zu guter Qualität. Das ist natürlich Sache der Profis, regt aber zum Nachdenken und Überdenken der weit verbreiteten Ansicht „Viel hilft viel" an.

Mit Tomatenpflanzen kann das jeder einmal selbst ausprobieren: Traue dich, ausgepflanzte Tomaten – im Kübel reicht das Erdvolumen für dieses Experiment nicht aus – nur ein- oder zweimal die Woche und dann auch nur wenig zu gießen. Bleibe stark, auch wenn die Pflanzen zur Mittagszeit etwas mitgenommen aussehen! Sie reagieren auf dieses Defizit, indem sie ihre Wurzeln tief in die Erde senken – du merkst es im Herbst, wenn du die Strünke aus dem Boden ziehst. Und du wirst staunen: Du wirst hocharomatische Tomaten ernten!

WOMIT GIESSEN?

Womit lässt es sich am besten gießen? Was bekommt den Pflanzen und unserem Portemonnaie am besten? And the winner is … ganz klar: Regenwasser!

Trinkwasser als Gießwasser?

Trinkwasser ist zum Gießen von Pflanzen theoretisch geeignet: Bezüglich der Qualitätskontrolle und Reinheit ist es für den Job quasi „überqualifiziert", dennoch für die Pflanzen nicht ganz optimal. Es ist manchmal chlorhaltig, aber vor allem häufig sehr kalkhaltig und damit mindestens für Rhododendren, Erika-Gewächse und andere sogenannte Kalkflieher nicht geeignet. Es kann auch unschöne weiße Flecken auf großblättrigen Pflanzen hinterlassen.

Außerdem geht eine Gartenbewässerung aus Trinkwasser ganz schön ins Geld. Bei einem Kubikmeterpreis von etwa 3 € kostet ein 10-Liter-Eimer Trinkwasser zwar „nur" 3 Cent – aber was ist schon ein Wassereimer in einem großen Garten?

Ein sogenannter Gartenwasserzähler würde die Kosten etwas reduzieren, denn grundsätzlich wird bei der Wasserrechnung „Trinkwasser gleich Schmutzwasser" berechnet. Da das Trinkwasser zur Gartenbewässerung zwar aus dem Hahn entnommen wird, nicht aber in Form von beispielsweise Abwaschwasser, WC-Spülung usw. ins System zurückgelangt (wo es aufbereitet und geklärt werden muss), ist die Berechnung in diesem Fall ungerechtfertigt. Die Kommunen und Wasserverbände wissen um dieses Dilemma, und so kann man sich einen offiziellen Gartenwasserzähler einbauen lassen, aufgrund dessen der Kostenanteil fürs Abwasser aus den Gebühren herausgerechnet werden kann. Man muss aber vorab bedenken, dass der Einbau und das turnusmäßige Eichen des Zählers ebenfalls Geld kosten; und so sollte man anhand des Verbrauchs (siehe Tipp im Kasten) vorab überschlagen, ob sich die Gebührenersparnis überhaupt lohnt.

Aus Umweltsicht ist sowieso nur Trinkwasser aus „zweiter Hand" vertretbar (was sich dahinter verbirgt, erfährst du auf Seite 32).

TIPP

Um ein Gefühl für den Wasserverbrauch beim Gießen zu bekommen, kann man einen sogenannten Wassermengenzähler zwischen Wasserhahn und Schlauch stecken. Wassermengenzähler haben in der Regel eine Digitalanzeige und benötigen eine Batterie; man erhält sie in Gartencentern, Fachgeschäften oder der Gartenabteilung der Baumärkte.

Regenwasser sammeln ist auch etwas für Sparfüchse: Hier kommen viele Liter kostenloses Gießwasser zusammen.

Aus dem Gartenbrunnen

Auf alteingesessenen Grundstücken gibt es oft noch Gartenbrunnen, die Wasser aus dem Grundwasser emporbefördern – manchmal mit nostalgischer Schwengelpumpe, manchmal mit Elektropumpe.

In manchen Gemeinden wird das Neubohren eines Gartenbrunnens erlaubt, bedarf aber einer Genehmigung. Bitte erkundige dich vorab bei der Gemeinde oder dem Wasserverband. Je nach erforderlicher Tiefe des Brunnens, kann die Errichtung ein teures Unterfangen werden. In der Regel wird man hier Spezialfirmen beauftragen müssen. Je nach Grundwasserstand kann solch ein Brunnen auch versiegen; dann muss er tiefer gebohrt werden. Anhand dieses Risikos wird einem bewusst, wie sehr man als Gärtner vom Grundwasser abhängig ist. Daher sollte man generell auf großräumige Versiegelungen im Garten und auf das Einleiten von Regenwasser in die Kanalisation verzichten.

Wer einen alten Brunnen besitzt, ist bezüglich der Finanzen einem Gärtner, der Leitungswasser zum Gießen nutzen muss, haushoch überlegen. Hier kommt jedoch ein Aber: Angesichts tendenziell sinkender Grundwasserstände sollte ein Gartenbrunnen immer nur als Zusatz gesehen werden. Das Sammeln von Regenwasser ist das Nonplusultra!

Regenwasser nutzen

Was ist der Lieblingsdrink jeder Pflanze? Richtig, Regenwasser! Es schmeckt allen und bekommt allen. Regenwasser hat einen niedrigen pH-Wert und gilt damit als „weich". Es ist für Pflanzen, die auf sauren Böden wachsen, ein regelrechtes Muss; insgesamt gedeihen aber alle Pflanzen mit Regenwasser gut.

Außerdem ist die Verwendung von Regenwasser zur Gartenbewässerung besonders nachhaltig: Man läuft nicht Gefahr, mehr zu nehmen, als man „zugeteilt" bekommen hat. Man verwendet nur das auf dem eigenen Grundstück niedergegangene Wasser, bloß zu selbst gewählten Zeitpunkten. Und es ist absolut gratis.

#machsnachhaltig

REGENWASSER AUFFANGEN

Man wundert sich manchmal, wie viel Wasser nach einer regnerischen Nacht in einem Eimer, einem Übertopf oder der Schubkarre steht, die man vergessen hatte aufzuräumen. Auch dieses Wasser ist Gold wert. Bloß nicht gedankenverloren „in die Pampa" kippen, sondern bewusst als Gießwasser betrachten! Nicht umsonst heißt es: „Jeder Tropfen zählt."

ZAHLEN & FAKTEN

Ein Beispiel: Wenn es eine Stunde lang 5 l/m² regnet und du dieses Regenwasser von deinem Schuppendach mit einer Dachfläche von nur 10 m² auffängst, bekommst du 50 l bestes Gießwasser – das sind fünf volle Wassereimer – geschenkt.

Regentonnen und Regenfässer

Regenwasser wird am effizientesten von Dächern so gezielt geleitet, dass es aufgefangen werden kann. Es kommen Dächer aller Art infrage: Wohnhaus, Gartenhaus, Schuppen, Hühnerstall, Gewächshaus, Garage … Achtung bei Schuppen und Garagen mit Dachpappe: Von mit Bitumen abgedichteten Dächern sollte man wegen einer möglichen Biozidbelastung kein Regenwasser sammeln, rät das Umweltbundesamt.

Der „Komplize" beim Sammeln ist das Regenfallrohr, in das man im einfachsten Fall einen Auslass einbaut, der in eine Regentonne oder ein Regenfass mündet. Viele Systeme haben integrierte Siebe. Das ist sinnvoll, wenn Bäume in der Nähe stehen, sodass man davon ausgehen kann, dass sich Blätter, Nadeln und Blütenstaub auf den Dächern sammeln und mit dem Regenwasser Richtung Regentonne gespült werden. Günstige Systeme mit Sieb muss man regelmäßig reinigen, damit sie nicht verstopfen. Teurere Varianten sind selbstreinigend

Es ist völlig egal, in welchen Gefäßen man Regenwasser sammelt – Hauptsache, man sammelt!

Auf der Suche nach großen Sammelgefäßen werden manche Gärtner besonders einfallsreich.

und obendrein mit einem Überlaufschutz ausgestattet, der das Überlaufen der Regentonne verhindert. Außerdem geben sie erst bei stärkerem Regen den Weg in die Regentonne frei; erste zarte Regentropfen werden noch an der Tonne vorbeigeleitet. Das hat den Hintergrund, dass Schmutz und Staub vom Dach zuerst weggespült werden und nicht ins Wasserdepot gelangen. Alle Systeme kann man nachträglich in ein Fallrohr einbauen (lassen). Regentonnen und -fässer gibt es handelsüblich in unterschiedlichen Größen mit Fassungsvermögen von etwa 200 l bis theoretisch mehreren 1000 l – doch diese Fässer sind so groß, dass sie das Aussehen des Gartens extrem beeinflussen. Es eignet sich aber auch jedes größere haltbare, wasserdichte Gefäß. Natürlich darf zuvor nichts Giftiges im Behältnis gelagert worden sein, ehemalige Chemikalientanks eignen sich naturgemäß nicht. Und lichtundurchlässig sollte das Gefäß sein – oder durch eine nachträgliche Ummantelung lichtundurchlässig gemacht werden. Sonst bilden sich rasch Algen.

TIPP

Kein Platz für ein Regenfass? Wenn du aus diesem Grund das Wasser in die Kanalisation leitest, wäre das schade. Denk mal über andere Möglichkeiten nach. Ist ein Regengarten machbar? Eine Anregung findest du auf Seite 36. Bei einer kleinen Dachfläche, von einem Schuppen beispielsweise, kannst du das Wasser wenigstens mithilfe einer Rinne zielgerichtet zu einer Pflanzung, die zeitweise auch mal einen großen Schluck Wasser verträgt, oder in einen Teich leiten. Wichtig ist: immer weg vom Haus leiten und das Gefälle beachten, notfalls Mauersteine oder Ähnliches unterlegen.

Vorteil von in Regentonnen oder anderen Gefäßen gesammeltem Wasser ist: Es hat dieselbe Temperatur wie die Umgebung. Im Gegensatz dazu kann Wasser aus einem tiefen Gartenbrunnen zarten Pflänzchen im warmen Gewächshaus schon mal einen Schock versetzen.

Im Winter müssen oberirdische Regensammelgefäße im Freien in der Regel entleert, abgedeckt und der Zulauf aus dem Fallrohr geschlossen werden. Gefrierendes Wasser darin würde vor allem Kunststoffgefäße sprengen. Es gibt jedoch auch Regentonnen im Handel, die besondere Materialeigenschaften besitzen und bei denen die Hersteller ausdrücklich darauf hinweisen, dass sie auch mit Wasser gefüllt im Winter stehen bleiben dürfen. Hier gibt es Pluspunkte in Sachen Arbeitskraft und Arbeitszeit, da das „Winterfestmachen" entfällt. Und besonders wichtig: In diesem Fall kann auch über Winter Regenwasser gesammelt werden, das im Frühling zu Beginn der Gartensaison schon reichlich zur Verfügung steht.

Es können übrigens zwecks Vergrößerung des Fassungsvermögens auch mehrere Tonnen mit Verbindungssets aus dem Baumarkt, bestehend aus Schlauch und Dichtungen, verbunden werden. Je weiter unten sie miteinander verbunden sind, desto schneller steht in ihnen das Wasser gleichmäßig hoch, und zwar sobald der Wasserstand den Verbindungsschlauch erreicht hat. Verbindet man sie dagegen knapp unter dem Rand, läuft zunächst die erste Tonne, in der das Fallrohr mündet, voll. Erst, wenn das Wasser den Überlauf erreicht, füllt sich die zweite Tonne. Eigentlich logisch. Aber dies sind die kleinen feinen Überlegungen, die vor Ort manchmal einen großen Unterschied machen.

Und wie kommt das Wasser aus dem Fass wieder heraus? Bei Tonnen und zweckentfremdeten Gefäßen ohne Auslasshahn ist die einfachste, aber kraftaufwendige Methode das Ausschöpfen mit einem Eimer oder Ähnlichem. Komfortabler wird es mit einer Regenfasspumpe, die aber wiederum Strom verbraucht. Besitzt man eine Regentonne mit Auslasshahn und hat man diese in weiser Voraussicht auf einen Sockel erhöht aufgestellt (damit die Gießkanne darunter passt), braucht man nur den Hahn aufdrehen und die Schwerkraft für sich arbeiten zu lassen.

WIE VIEL WASSER IST DA DRIN?

Zur Berechnung, wie viel Liter Wasser in einem Gefäß sind, muss zunächst das Volumen in Kubikmeter (m³) des darin befindlichen Wassers ermittelt werden, und zwar ...

- Bei zylindrischen Gefäßen wird der Inhalt mithilfe der Kreiszahl π (3,14...), dem Radius (bzw. dem halben Durchmesser) der Standfläche in Meter (m) und der Höhe des Wasserstands in Meter (m) errechnet: $\pi \times r^2 \times h$

- Bei rechteckigen Gefäßen wird der Inhalt durch Multiplikation von Länge, Breite und Höhe des Wasserstands in Meter (m) ermittelt: $a \times b \times c$

- Zur Ermittlung der Literzahl rechnet man zum Schluss um: $1\,m^3 = 1\,000\,l$.

Eine Nummer größer: Zisternen

Große, im Garten aufgestellte Auffangbehälter nehmen viel Platz weg und fallen schnell ins Auge. Deshalb lohnt sich gerade im Zuge von Neubauten oder anderen gravierenden Erdbauarbeiten die Überlegung, eine Zisterne in die Erde einzulassen. In diesem XXL-Behältnis aus Kunststoff oder Beton lassen sich mehrere Tausend Liter Regenwasser nahezu unsichtbar aufbewahren. Ein weiterer großer Vorteil ist, dass das Wasser bei entsprechend tiefem Einbau der Zisterne in der Erde nicht gefrieren kann und infolgedessen im Herbst auch nicht entleert werden braucht. Im Gegenteil: Über den Winter kann fleißig weiter kostbares Nass gesammelt werden.

Das Ganze hat natürlich seinen Preis und braucht eine Firma mit entsprechendem Gerät. Wer sich einmal für den Aufwand und den Griff ins Portemonnaie entschieden hat, hat fortan aber über viele Wochen kostenloses Gießwasser auf Vorrat. In heißen Sommern eine beruhigende Vorstellung. Wie Anno dazumal kann das Wasser mit Muskelkraft und viel Ausdauer, dafür aber umweltfreundlich und ganz ohne Strom, per Handschwengelpumpe nach oben befördert werden. Das ist höchstwahrscheinlich nur für kleine Gärten und nostalgische Gartenbesitzer eine praktikable Lösung. Die komfortablere und angesichts der zu fördernden Wassermengen eher angebrachte Version ist eine strombetriebene Gartenpumpe, mit der es dann auch realistisch ist, den Garten durchdringend zu bewässern. Nachteile dieser Pumpen: Es sind ein Stromanschluss, der alle Vorgaben für den Freiraum erfüllt, und eine frostfreie Überwinterung nötig.

Regenwassernutzung im Haus

Regenwasser kann auch für die WC-Spülung verwendet werden und spart auf diese Weise Trinkwasser. Von der Nutzung zum Wäschewaschen raten viele Experten ab, besonders für Personen mit empfindlichem Immunsystem, da ein gewisser Grad an Verunreinigung nicht ausgeschlossen werden kann. Eine Regenwassernutzungsanlage ist teuer, muss bei den zuständigen Behörden (in der Regel dem örtlichen Wasserverband) beantragt und regelmäßig gewartet werden. Was viele nicht bedenken: Es bedarf auch eines Extrawasserzählers. Wenn bei den Wassergebühren die Formel „Trinkwasser gleich Schmutzwasser" als Berechnungsgrundlage gilt, würde Schmutzwasser aus Regenwasser ja nicht in die Abwasserberechnung einfließen. Ein Extrazähler dient zum Korrigieren der Abwasserrechnung.

Es sollte im Vorhinein also sorgfältig überschlagen werden, ob Kosten, Aufwand und Ergebnis in einem vernünftigen Verhältnis stehen. Das Umweltbundesamt rechnet mit einer Amortisationszeit solch einer Anlage von deutlich mehr als zehn Jahren.

TIPP

Wenn du merkst, dass du gar nicht so viel Regenwasser zum Gießen brauchst, wie du über deine Dachflächen auffängst: Lasse es unbedingt auf deinem Grundstück ins Grundwasser versickern. In der Kanalisation hat es nichts zu suchen; in manchen ländlichen Gegenden ist das Einleiten von Regenwasser sogar verboten, um die Klärwerke nicht unnütz zu belasten.

FEATURE

WASSER RECYCELN

Wie auf Seite 26 beschrieben, solltest du möglichst kein Trinkwasser zum Gießen verwenden. Die Aufbereitung, Ver- und Entsorgung sind einfach so aufwendig, dass Trinkwasser zum Gießen schlicht zu schade ist. Aber Trinkwasser aus zweiter Hand kannst du nehmen! Was ist das?

Wir verbrauchen jeden Tag eine Menge Trinkwasser, das mehr oder weniger sofort wieder im Abfluss verschwindet und seinen Weg in die Kläranlagen nimmt. Nur mal eben die Brötchenkrümel von den Fingern waschen, den Apfel abspülen, die Eier abschrecken – bei all dem ist Trinkwasser im Spiel, das dabei weder durch Spülmittel noch durch wirklichen Schmutz oder Keime verunreinigt wird. Zu schade für den Abfluss! Hier findest du ein paar Ideen, wo du „nebenbei" Wasser sammeln kannst. Mach dir doch mal den Spaß und sammle einen Tag lang dieses fast saubere, perfekte Second-Hand-Wasser in einem Eimer. Wie viel wird am Ende des Tages drin sein? Interessanter wird's zusammen mit Freunden – mach eine Challenge daraus: Wer war erfinderischer mit dem Wassersammeln? Zwei Bedingungen: Es muss Wasser sein, dass du sowieso aus dem Hahn entnommen, aber sonst in den Abfluss hättest laufen lassen; und es muss

„gießtaugliches" Wasser sein, also frei von Reinigungsmitteln oder Kosmetika. Erlaubt sind kleine „Beilagen", die auch auf den Kompost wandern könnten (Gemüseschnipsel, Kräuterfitzelchen, Sand und Erde, Kaffee, Tee …). Hier ein paar Anregungen für deine neue Sammelleidenschaft:

- Etliche Liter Wasser laufen ungenutzt in den Abfluss: Viele lassen morgens vor der ersten Tasse Kaffee das über Nacht in den Rohren stehende, schale warme Wasser ablaufen; andere müssen Mengen an kaltem Wasser zunächst in den Abfluss schicken, bevor warmes Wasser zum Duschen kommt.
- Reste von Kaffee oder Tee, abgestandenes Mineralwasser – manch einer trinkt auch Leitungswasser aus Karaffen (und falls bisher noch nicht, ist es mal einen Versuch wert) und hat am Abend Reste übrig – sowie übrig gebliebene, geschmolzene Eiswürfel eignen sich.
- Das Wasser, in dem die Frühstückseier gekocht wurden (abkühlen lassen), Wasser vom Abschrecken, sogar inklusive Eierschalen – dann freuen sich kalkliebende Pflanzen wie die Christrose – sind „gießbar".

Zum Sammeln des Wassers am besten immer eine Kanne oder ein anderes großes, praktisches und schönes Gefäß bereitstellen – schön deshalb, damit man auch Lust hat, es in Küche und Bad in Griffweite stehen zu haben.

- Gemüse oder Obst waschen: Obwohl es tausendfach praktiziert wird, muss all das nicht unter fließendem Wasser abgespült werden – und wenn man es partout möchte, kann man eine Spülschüssel unterstellen. Salatblätter, Beeren und anderes Kleinteiliges lässt sich ebenso gut in einer großen Schüssel baden und dann herausfischen.

- Nicht verwendetes Wasser aus dem Wasserkocher, abgekühlt natürlich, oder der letzte Rest aus dem Wassertank der Kaffeemaschine lässt sich verwenden.

- Falls du Brötchenkrümel, Eierschalenreste usw. vor dem Einräumen des Geschirrspülers von den Tellern spülst, frage dich: Könnte ich die Partikel kompostieren? Ja? Dann darf es auch samt Wasser in den Garten.

- Der Rest aus dem Wassernapf von Miez und Bello: aus hygienischen Gründen gleich ins Staudenbeet vor der Tür oder den Blumenkasten auf dem Balkon kippen statt ins Sammelgefäß in der Küche; fürs Zierbeet, nicht fürs Gemüsebeet verwenden.

- Das Wasser vom Wasserwechsel des Aquariums, vorausgesetzt es hat keine chemischen Zusätze; sicherheitshalber nur fürs Zierbeet, nicht fürs Gemüsebeet verwenden.

- Wer es wie die Profis macht und frisch gekaufte Topfpflanzen vor dem Einpflanzen in einen Eimer Wasser taucht, bis keine Luftblasen mehr aufsteigen, sollte dieses Wasser am Ende auch zielgerichtet auf eine Pflanze schütten.

TIPP

Falls die Blumen gerade nicht durstig sind, kann man das Wasser auch zum Befeuchten des Komposts verwenden. In einem trockenen Frühjahr oder Herbst, im Sommer sowieso, ist fast jeder Kompost über zusätzliche Feuchtigkeit dankbar. Dann klappt's auch besser mit der Rotte (Seite 114).

SCHLAU GIESSEN

Es kommt nicht allein auf die Wassermenge an! Vielmehr sollte man an verschiedenen Stellschrauben für effektives Bewässern drehen.

Viel statt wenig

Es scheint logisch: Wenn ich Wasser sparen will, dann sollte ich so wenig wie möglich gießen. Und doch ist es genau das Falsche. Es müsste richtig heißen: Wenn ich Wasser sparen will, sollte ich viel gießen – allerdings selten! Wer nur mal schnell „einen Schluck" draufkippen will, kann es eigentlich gleich ganz bleiben lassen, denn bei den Wurzeln käme zu wenig Wasser an und zu viel würde ungenutzt verdunsten. Gerade auf gemulchten Flächen muss durchdringend gewässert werden, damit sich das wichtige Nass nicht im Mulchmaterial verliert. Das ist einer der wenigen Nachteile des Mulchens (die Vorteile überwiegen aber bei Weitem, wie du auf Seite 48 nachlesen kannst).

Zielgerichtet statt flächig

Wenn es die Natur schütten lässt wie aus Kübeln, wird der Garten schön durchtränkt – welch herrlicher Überfluss! Da man diese Wassermengen kaum mit Schlauch und Sprenger imitieren kann, wendet man besser gleich eine andere Taktik an. Beim Handgießen muss man mit der knappen Ressource besser „zielen" und punktuell viel Wasser zuführen – dafür in großen Abständen. Dazwischen darf die Erde ruhig abtrocknen. Das zwingt die Pflanze dazu, ihre Wurzeln besser auszubilden

und auf der Suche nach Wasser tief in die Erde zu schicken. „Verwöhnte" Pflanzen, die ihre Wurzeln nur knapp unterhalb der Erdoberfläche ausbilden, haben in Hochsommern die größten Probleme, da sich die oberen Erdschichten am schnellsten erwärmen und Wasser rasch verdunstet. Mulchen verringert diese Effekte.

Bei Stauden, Sommerblumen und Kübelpflanzen gießt man direkt darunter oder daneben – das ist einfach, sind die Gewächse doch schön kompakt. Bei Bäumen kommt man bei der Wahl der optimalen Stelle zum Gießen schon mal ins Trudeln: Am Stamm gießen? Nein, Bäume haben ihre Feinwurzeln ungefähr im Traufbereich ausgebildet, also an den äußeren Umrissen der Krone – nicht neben dem Stamm! Große eingewachsene Bäume braucht man allerdings nur im äußersten Notfall zu gießen. In der Regel gehen ihre Wurzeln so tief, dass sie sich auch in Trockenperioden noch selbst versorgen können. Wer diesen Vorteil gezielt einbeziehen möchte, fragt beim nächsten Gehölzkauf in der Baumschule nach sogenannten Tiefwurzlern. Anders bei frisch gepflanzten Gehölzen: Ihnen muss man durch lang anhaltendes Wässern das Anwachsen erleichtern. Das gilt besonders bei Pflanzungen zum Winterausgang: Die Frühjahre der vergangenen Jahre waren sehr trocken.

Beete fluten

Hat sich eine geschlossene Pflanzendecke gebildet, sodass ein punktuelles Wässern schlecht möglich

Viel Wasser auf einmal, zielgerichtet verabreicht – so gießt man effizient.

ist, weil man gar nicht sieht, wo eine Pflanze endet und die nächste anfängt, ist das erstens ein Grund zur Freude: Das ist die beste und hübscheste Möglichkeit, um Verdunstung und Bodenerosion zu minimieren! Und zweitens: Hier ist das Fluten unter dem Blätterdach der Stauden einen Versuch wert. Das gelingt allerdings nur richtig gut, wenn das Beet eben und von einer festen Kante, zum Beispiel Rasenkanten- oder Bordsteinen, umschlossen ist, damit das Wasser nicht davonfließt.

Das ist **nachhaltig**: Wenn man **nur die Menge** an Wasser ausbringt, die man zuvor hat **sammeln** können.

Regner und Sprenger

Regner, die großflächig gleichmäßig gießen, sind für das Stauden- und Gemüsebeet nicht günstig, denn sie benetzen überwiegend Blätter und Blüten. Fachleute streiten sich noch, ob Wassertropfen auf Blattoberflächen den sogenannten Brennglaseffekt hervorrufen, wodurch das Pflanzengewebe verbrennt. Fakt ist aber, dass Wasser auf Blättern und Co. gerade im Hochsommer schnell wieder verdunstet, ohne der Pflanze wirklich zur Verfügung gestanden zu haben (man geht davon aus, dass die Hälfte bis zu zwei Drittel der Wassermenge beim Sprengen verdunsten kann). Außerdem begünstigt es bei feuchtwarmer Witterung Pilzkrankheiten. Stehen die Pflanzen eher vereinzelt, wird darüber hinaus viel Erdfläche benetzt, in der sich gar keine Pflanzenwurzeln befinden. Und wachsen Sträucher oder Bäume im Einzugsgebiet des Regners, brechen Zweige und Stämme den Schauer, sodass das Wasser dort hinunterläuft; dahinterliegende Flächen bekommen sehr viel weniger Nass ab.

Regner und Sprenger sind also für die allermeisten Gartensituationen ungeeignet. Man kann sie zur Bewässerung von Rasenflächen einsetzen. Hier muss sich der Gartenbesitzer natürlich in erster

Linie fragen, ob ein Rasen und wenn ja in welcher Ausprägung zu seiner Auffassung von Nachhaltigkeit und naturnahem Gärtnern passt. Vielleicht ist eine Wiese die bessere Alternative (Seite 92)? Doch wenn dein Herz an einem Stückchen tipptopp gepflegtem Rasen hängt, du eine Zisterne hast, die über verschiedene Dachflächen Regenwasser sammelt und du sonst im Garten kaum wässerst, ist das völlig legitim – und sogar nachhaltig! Und zwar dann, wenn du nur so viel Wasser nutzt, wie du selber sammeln konntest. Du benutzt in diesem Falle nur das Regenwasser, das dir die Natur auf deinem Fleckchen Erde zur Verfügung gestellt hat – und nicht mehr. Wenn Du allerdings Trinkwasser aus der Leitung dazu nehmen musst, sieht die Bilanz schon anders aus …

Mach mal Pause

Ist die Erde vor dem Gießen sehr trocken, ist es von Vorteil, nach einer ersten kurzen Wassergabe eine Pause von ein paar Minuten einzulegen. So kann das Wasser versickern und die Bodenoberfläche anfeuchten. Das Wasser, das beim zweiten, längeren Gießintervall auf die Fläche trifft, kann dann besser in die Erde eindringen. Ließe man gleich mit Karacho Wasser auf die ausgetrocknete Erde rauschen, läuft viel davon. Gerade bei Sandböden ist das ein Problem. Viele Bewässerungscomputer (Seite 38) haben praktischerweise die Funktion der Gießpause bereits als Wahloption hinterlegt.

Ein Denkanstoß: Der Regengarten gießt sich selbst

Regengarten klingt nach Dschungel und Dickicht, nach Exotik und wilden Tieren, ist in Wirklichkeit aber – nüchtern betrachtet – eine Sickermulde. Eine mit Pflanzen hübsch gestaltete Sickermulde wohl-

WANN GIESSEN?

Früh oder abends gießen – beides hat Vor- und Nachteile. Wässern zur Mittagszeit hat nur Nachteile; das sollte man bleiben lassen.

MORGENS:

- Wasser verdunstet weniger, der Boden ist kühl von der Nacht (das gilt nur bei wirklich früher Wässerung, neun Uhr zählt im Hochsommer nicht mehr als früh)
- gut geeignet für schneckenanfällige Kulturen: Schnecken brauchen Feuchtigkeit zum Fortbewegen, haben wegen der aufsteigenden Sonne aber nicht genug Zeit zum Fressen, bevor sie in ihre Verstecke zurückkehren müssen
- gut geeignet für Kulturen, die anfällig für Mehltau und andere Pilzkrankheiten sind: Blätter trocknen rasch ab und bieten keinen Nährboden

ABENDS:

- größter Verdunstungsschutz, obwohl der Boden vom Tag aufgewärmt ist
- Wasser hat die ganze Nacht Zeit, in den Boden zu sickern
- Schnecken fühlen sich bei der Feuchtigkeit wohl und kommen zum Fressen aus ihren Verstecken
- benetzte Blätter könnten lang feucht bleiben, was die Verbreitung von Pilzkrankheiten fördert

gemerkt! Sie nimmt bei Starkregen eine Menge Wasser auf und lässt es langsam versickern. Voraussetzung ist ein sandiger, sehr durchlässiger Boden, den du noch mit Laubkompost oder anderem humosem Material füllen kannst.

Viel Wasser, wenig Wasser – mit so einem Wechselbad der Gefühle kommen nicht viele Pflanzen zurecht. Das Suchstichwort in Garten- und Onlinekatalogen lautet hier „Pflanzen der wechselfeuchten Standorte". Das sind superangepasste Arten, die in der Natur zum Beispiel auf zeitweise im Jahr überschwemmten Wiesen wachsen. Abhängig von der Niederschlagshäufigkeit und -menge in deiner Region sind die Übergänge zu einem Sumpfbeet fließend. Dann wäre die Pflanzenauswahl noch größer. Wichtig ist, dass der Regengarten nicht zu nah am Haus angelegt wird, sodass die Feuchtigkeit keine Hauswände oder den Keller erreichen kann, auch nicht zu nah zum Nachbarn, damit er sich nicht über nasse Füße beschweren muss.

Die Wildart der Bach-Nelkenwurz (*Geum rivale*) ist eine heimische Staude, die Feuchtwiesen und überflutete Wiesen ihr Zuhause nennt – perfekt für den Regengarten.

Pflanzen für wechselfeuchte Standorte

Pflanze	Besonderheiten
Günsel (*Ajuga reptans*)	etwa 15 cm hoch, schöne blaulila Blüten im Mai und Juni, die Sorte 'Braunherz' trägt kupferbraunes Laub, Bodendecker
Kerzen-Wiesenknöterich (*Bistorta amplexicaulis*, Syn. *Polygonum amplexicaule*)	je nach Sorte 60–120 cm hoch, rosa bis dunkel pinkfarbene Blütenrispen im August bis Oktober, an zusagenden Standorten entwickeln sich imposante Stauden
Prärielilie (*Camassia leichtlinii*)	bis 80 cm hoch, violettblaue Blütentrauben im Mai und Juni, Sorte 'Alba' blüht weiß, Zwiebelpflanze
Wasserdost (*Eupatorium fistulosum*)	je nach Sorte 120–180 cm hoch, purpurrote Blüten im August bis Oktober, Sorte 'Album' blüht weiß, an zusagenden Standorten entwickeln sich imposante Stauden

WITH A LITTLE HELP: BEWÄSSERUNGSSYSTEME

Der Gartenfachhandel, teilweise auch Baumärkte, bieten Gießsysteme mit allerlei Optionen an – sehr nützlich, aber je nach Zeit- und Arbeitserleichterung mehr oder weniger kostspielig.

Genaues Timing

Zeitschaltuhren und Bewässerungscomputer sind ein prima Zubehör beim Gießen. Sie können mit normalen Schläuchen, Regnern, Sprengern und Sprinklern sowie Tröpfchenbewässerungssystemen kombiniert werden. Sie eignen sich für all diejenigen, die „gießen lassen" und derweil einen Kaffee trinken wollen. Natürlich kann sich auch derjenige über solch ein Tool freuen, der zwar den Schlauch selber halten möchte, aber sichergehen will, dass nicht versehentlich zu wenig gegossen wird, weil ihn sein Bauchgefühl über die Länge des Gießeinsatzes trügt.

Die technischen Helferlein gibt es mit simpler manueller Bedienung, die nur „an" und „aus" regeln, oder als digitaler Bewässerungscomputer, sogar App-gesteuert. Letztere brauchen eine Batterie. Egal, ob einfach oder ausgeklügelt, das Grundprinzip ist simpel: Sie steuern, wann die Wasserleitung freigegeben und wann sie wieder automatisch blockiert wird. Der Wasserhahn als solcher bleibt immer aufgedreht, die Module werden einfach zwischen Wasserhahn und Schlauch zwischenge-

steckt. Bewässerungscomputer haben noch viele Zusatzfunktionen wie individuell einstellbare Tages- und Wochenprogramme. Bei vielen kann man eine automatische Gießpause hinzuwählen, mit der der auf Seite 36 beschriebene Trick für die effiziente Bewässerung von ausgetrockneten Böden berücksichtigt wird.

Und damit der Computer nicht gießen lässt, wenn es vor Kurzem ergiebig geregnet hat, kann man noch einen Sensor ins System integrieren, der die Bodenfeuchte misst. Nach Bedarf setzt der Computer dann einen Bewässerungsturnus aus.

Tröpfchenbewässerung eignet sich für alle Gartenbereiche.

Tropfen für Tropfen

Für zielgerichtetes, verdunstungsarmes Gießen direkt an der Erdoberfläche bietet sich die Tröpfchenbewässerung an. Hier wird die goldene Gießregel „Viel statt wenig, selten statt häufig" (Seite 34) durch die beliebte Redensart „Steter Tropfen . . ." ersetzt. Jedenfalls nimmt diese Methode dem Gärtner sehr viel Arbeit ab, hat aber seinen Preis.

Der Handel verspricht bis zu 70 Prozent Wasserersparnis im Vergleich zu herkömmlichen Gießmethoden mit Schlauchbrause oder Gießkanne. Grundprinzip ist ein Schlauch mit Löchern, aus dem – genau, der Name sagt es! – Wasser herauströpfelt. Bei manchen Modellen, sogenannten Perlschläuchen, sickert Wasser auf der gesamten Länge heraus. Andere haben zur besseren Dosierung und Ausrichtung in regelmäßigen Abständen Tropfer integriert, die in der Luxusversion auch noch individuell eingestellt werden können. Diese Schläuche werden zwischen die Pflanzen auf den Boden gelegt – wie zu erwarten mit optischen Beeinträchtigungen. Man kann versuchen, die Schläuche mit Rindenmulch oder Mulch leicht zu kaschieren, oder man wartet, bis die Vegetation ihren grünen Mantel darüber gebreitet hat. Manche Systeme kann man auch unterirdisch verlegen.

Bei der Kombination der Tröpfchenbewässerung mit einer Zeitschaltuhr oder einem Bewässerungscomputer muss man bedenken, dass das Tröpfchensystem sehr viel weniger Wasser pro Minute abgibt als der klassische Schlauch – daher die Gießintervalle nicht zu kurz einstellen.

TRÖPFCHEN-BEWÄSSERUNG

VORTEILE:

- mindert die Verdunstung
- zielgerichtet: Wasser kommt da an, wo es gebraucht wird
- durch die allmähliche Durchfeuchtung des Bodens wird weniger wertvoller Humus weggeschwemmt als bei plötzlichen großen Wassermengen
- Staunässe wird vermieden
- lässt sich mit Bewässerungscomputern und Bodensensoren kombinieren: über Programme oder Apps steuerbar

NACHTEILE:

- teuer
- Installierung aufwendig
- bei oberirdischer Verlegung: nicht sehr dekorativ
- bei unterirdischer Verlegung: Bodenbearbeitung und Umpflanzungen werden erschwert
- Tropfer können bei kalkhaltigem Wasser verstopfen
- besteht aus Kunststoff (PE)
- beim (optionalen) Steuern mit Bewässerungscomputer sind Batterien nötig

FEATURE

WISSENDURST?
TIPPS FÜR DIE
BEWÄSSERUNG

Ins Töpfchen

Um Gießwasser gezielt an die Pflanze zu bringen, kann man Blumentöpfe mit Abzugsloch im Wurzel-bereich eingraben. Die Topföffnung bleibt offen; hier hinein wird das Wasser gegossen. Diese Me-thode ist ein Klassiker bei der Tomatenzucht, aber auch andere durstige Pflanzen profitieren davon. Man kann hierfür leere Pflanztöpfe aus dem Gar-tencenter wiederverwenden oder mit Löchern ver-sehene Joghurtbecher.

Flaschenkinder

Perfekt fürs Gießen der Kübelpflanzen während eines Kurzurlaubs: Im Handel gibt es für wenige Euro hübsche Bewässerungskegel aus Ton, die auf eine mit Wasser gefüllte Weinflasche gesteckt werden. Die Flasche wird mit dem Kegel voran neben die Pflanze gesteckt. Das Wasser kann durch die poröse Struktur des Tons langsam nach außen sickern. Dadurch durchfeuchtet das Substrat allmählich.

Halt den Rand!

Das zielgerichtete Gießen wird durch einen Gießrand einfacher, denn das Wasser wird am Weglaufen gehindert. Ein Gießrand wird standardmäßig bei Gehölzneupflanzungen empfohlen, aber Bäume, Sträucher und Stauden profitieren auch dauerhaft von diesem kleinen Erdwall ringsherum.

#machsnachhaltig

1 × HACKEN SPART
2 × GIESSEN

Das ist eine alte Gärtnerweisheit und trotzdem für manche noch ein Geheimtipp. Hacken ist zwar eine klassische Tätigkeit im Gemüsegarten, aber auch die Zierpflanzen freuen sich über diese Art der Anti-Verdunstungs-Hilfe.

Die Verdunstung mindern

Im Boden bilden sich sogenannte Kapillaren. Vereinfacht gesagt sind das vertikale, nach oben offene feine Röhrchen, also kleine Hohlräume im Boden. Der alte Name „Haarröhren" illustriert, wie man sie sich vorstellen muss. Wenn es regnet, sammelt sich das Sickerwasser zunächst in den Bodenporen, steigt später aber über die Kapillaren wieder nach oben und kann an der Bodenoberfläche leicht verdunsten. Schuld ist der sogenannte Kapillareffekt: In engen Röhren können Flüssigkeiten ein Stück entgegen der Schwerkraft steigen. Das Hacken zerstört die Kapillaren an der Oberfläche, die

Röhren sind also unterbrochen, der sonst bis an die Bodenoberfläche wirkende Kapillareffekt ist hinfällig und die Verdunstung wird erschwert. Und keine Sorge: Der Boden wird dadurch nicht etwa verdichtet, sondern im Gegenteil: Verkrustungen und Verschlämmungen werden aufgebrochen. Ein schöner Nebeneffekt ist, dass gleich zart aufkeimendes Unkraut von seinen Wurzeln gekappt oder im Ganzen ausgerissen wird. Wer es auf dem Boden liegen lässt, hat eine Art Mini-Mini-Flächenkompost angelegt (Seite 51): Das abgehackte Unkraut wird von Regenwürmern und Mikroorganismen verarbeitet und an Ort und Stelle zu Humus umgewandelt. Aber aufgepasst: Wenn der nächste Regen bevorsteht, kann hartnäckiges Wurzelunkraut, das auf dem Boden liegt, auch wieder einwurzeln. Optimal ist das Hacken sowieso erst nach einem ergiebigen Regenguss – die Bodenporen sind gut mit Wasser gefüllt, der „Rückweg" wird

Hacken macht einen Unterschied: Mit wenig Aufwand bewirkt man viel für das Wassermanagement im Garten – und Unkraut wird auch gleich mit entfernt.

versperrt. So wird besonders viel wertvolles Nass im Boden gehalten und das nächste und mit etwas Glück auch das übernächste Gießen können entfallen. Nach einiger Zeit ordnet sich die Bodenstruktur wieder, die Kapillaren bilden sich erneut – und das Spiel geht von vorne los.

Gesund und effektiv

Hacken ist wirklich eine schöne Tätigkeit, fast meditativ. Voraussetzung ist aber ein Stiel, der in der Länge optimal passt. Viele Hacken, gerade billige, haben manchmal einen recht kurzen Stiel. Wer gezwungen ist, in gebückter Haltung zu hacken, für den ist es kein Vergnügen. Und wer mit dem Gerät weit ausholt, um möglichst viel Fläche auf einmal zu bearbeiten, nimmt eine den Körper belastende Haltung ein und vergeudet Kraft. Rückenschonendes Hacken geht aufrecht, mit kleinen Bewegungen aus den Armen heraus. Mit Mini-Tippelschrit-

ten arbeitet man sich rückwärts voran, um nicht auf das frisch Gehackte zu treten. Es klingt mühselig, ist unterm Strich aber schneller und effektiver als raumgreifendes Auspowern.

JE SCHÄRFER DAS BLATT . . .

. . . desto müheloser die Arbeit. Ja, nicht nur Gartenscheren und Messer, auch Hacken- und Spatenblätter kann man schärfen. Also ab und zu mit Handfeile, Schleifstein oder, sofern vorhanden, Schleifmaschine nacharbeiten.

DEN BODEN VERBESSERN

Die Beschaffenheit des Bodens kann helfen, Wasser zu sparen. Ein optimal mit Humus versorgter Boden speichert das Wasser besser als ein humusarmer, sandiger Boden. Ziel ist, dass das Wasser einerseits gut in den oberen 30–40 cm des Bodens gehalten wird und somit für die Wurzeln der meisten Pflanzen verfügbar ist. Viele unserer krautigen Gartenpflanzen wurzeln in diesem Bodenbereich. Gehölze wurzeln tiefer und können Wasser auch aus tieferen Schichten aufnehmen. Andererseits sollte keine Staunässe entstehen, die wiederum Sauerstoffmangel hervorruft und von den meisten Pflanzen schlecht vertragen wird.

HUMUS

Organisches Material, zum Beispiel Blätter und andere Pflanzenteile, das sich im Boden zersetzt hat, bezeichnet man als Humus. Böden mit einem hohen Anteil an Humus sind besser als humusarme Böden in der Lage, Feuchtigkeit zu speichern – und so gilt: Humus bewahren, Gießwasser sparen!

Sandböden

Die mineralischen Partikel von Sandböden sind vergleichsweise grobkörnig, was auch relativ große Zwischenräume, die sogenannten Poren, zur Folge hat. Die darin lebenden Pflanzenwurzeln werden zwar gut belüftet (was vorteilhaft ist), das Wasser fließt jedoch sehr schnell ab, sodass die Pflanzen nicht lange Zugriff darauf haben.

Die Fähigkeit, Wasser zu halten, verbessert man bei Sandböden in erster Linie mit Kompostgaben. Sie werden oberflächlich, also nur in den vorrangig bewurzelten oberen 30–40 cm, eingearbeitet. Eine weitere Möglichkeit, organische Substanz in den Boden zu schleusen, ist das Aussäen von Gründüngerpflanzen. Büschelschön (*Phacelia tanacetifolia*) und Buchweizen (*Fagopyrum esculentum*) sind besonders universell einsetzbare Kandidaten, da sie mit keiner Gemüseart verwandt sind und somit keine spezifischen Krankheiten und Schädlinge begünstigen, sondern zu jedem Zeitpunkt in der Fruchtfolge (Seite 102) eingeplant werden können. Gründünger bietet sich aber nur auf freien Flächen an, beispielsweise wenn der Garten nach der Bauphase des Hauses erst noch angelegt wird oder ein Teil des Gemüsebeets zur Bodenerholung ein Jahr brach liegt. Kompost und Gründünger verbessern nicht nur die Wasserhaltefähigkeit des Bodens, sondern auch die Versorgung mit Nährstoffen, an denen es Sandboden von Hause aus mangelt.

ZAHLEN & FAKTEN

Die Bodenarten sind durch unterschiedliche Korngrößen gekennzeichnet:

- Sand: 2–0,06 mm (kleiner als Streichholzköpfe bis gerade noch mit dem Auge erkennbar)
- Schluff: 0,06–0,002 mm (einzelne Körner nicht mehr mit dem Auge erkennbar)
- Ton: unter 0,002 mm

Größere Partikel ergeben in der Regel auch größere Bodenporen. Je größer die Poren, desto weniger Wasser kann der Boden festhalten.

Schluff

Schluff liegt mit seinen wasser- und luftspeichernden Eigenschaften zwischen den beiden Extremen Sand und Ton.

Soweit die Theorie

Im Garten findet man realistischerweise Mischformen dieser Bodenarten – Sand, Schluff und Ton – vor. Je nach überwiegendem Anteil begegnet man den genannten Vor- und Nachteilen in unterschiedlicher Ausprägung. Kommen Sand, Schluff und Ton gemeinsam mit jeweils deutlichem Anteil vor, spricht man von Lehm – in ihm vereinen sich die Vorzüge der drei genannten Bodenarten. Er ist häufig jedoch schwer zu bearbeiten, besonders wenn er sehr trocken oder nass ist.

Tonböden

Die Partikel und demzufolge auch die Poren von Tonböden sind sehr viel kleiner als die von Sand. In diesen Poren wird das Wasser sehr gut, manchmal zu gut gehalten, weshalb diese Böden zu Staunässe neigen. Trocknet dieser Bodentyp jedoch aus, wird er steinhart und lässt sich kaum bearbeiten. Hier helfen ebenfalls Kompostgaben, die die Struktur auflockern und den Boden besser belüften helfen. Auch das Einarbeiten von Sand ist möglich.

Kompost

Aus Garten- und Küchenabfällen (außer gekochte Speisen, Fleisch, Fisch und Knochen), entsteht in einfachen Kompostbehältern wunderbare Komposterde (Seite 114). Frischer reifer Kompost düngt die Pflanzen. Bei fertigem Kompost, der bereits mehrere Monate lagert, wurden Nährstoffe zu großen Teilen ausgewaschen oder abgebaut; zur Bodenstrukturverbesserung eignet er sich aber immer noch hervorragend.

Bodenprobe für den schnellen Überblick: Wenn man eine kleine Portion feuchte Gartenerde zu einer Wurst zu rollen versucht, diese nach dem Öffnen der Hand stabil bleibt und nicht zerbröselt, besitzt der Boden einen hohen Tonanteil.

DEN BODEN SCHÜTZEN

Lange sah das Schönheitsideal des Gartens so aus: sauber gejätete Beete, zwischen den Pflanzen schwarze, fein gerechte Erde. Dass das Erhalten dieses Status sehr arbeits- und zeitaufwendig ist, ist mehr als offensichtlich. Hinzu kommt, dass nackter Boden nicht optimal ist: Er ist der Erosion schutzlos ausgeliefert. Der Wind bläst einen Teil des wertvollen Humus fort, besonders wenn er trocken ist. Oder starke Regenfälle (oder intensives Gießen) schwämmen Bodenpartikel weg. Wird Humus fortgetragen, reduziert das die Fruchtbarkeit und die Wasserspeicherfähigkeit des Bodens. Obendrein kann die Sonne erbarmungslos auf die dunkle Bodenoberfläche brezeln: Dadurch heizt sich die Erde stark auf, was den Pflanzen, die darin wachsen müssen, nicht behagt, und die Bodenfeuchtigkeit verdunstet rascher. Um all das auszugleichen, müsste der Gärtner Nährstoffe und gegebenenfalls auch bodenstrukturverbessernde Stoffe zuführen und häufiger gießen. Ein offener, unbedeckter Boden ist also Lichtjahre vom Ideal eines Gartens mit einem gesunden Kreislauf entfernt.

Nach dem Vorbild der Natur lassen sich zwei Strategien für den Gärtner erkennen, wie er offenen Boden vermeidet: wachsen lassen oder liegen lassen.

Win-win im Garten: Bodendecker schützen den Boden vor Austrocknung und Erosion und der Gärtner muss weniger Unkraut zupfen.

Wachsen lassen

Die erste Strategie zum Schutz des Bodens ist das Bewachsen durch Pflanzen. Lücken zwischen Gewächsen werden auf diese Weise so gut es geht geschlossen.

Eigentlich ist es ja ganz einfach: Entweder wir pflanzen etwas auf den nackten Boden, Bodendecker zum Beispiel; oder die Natur lässt wachsen – dann sind es meist Pflanzen, die uns optisch nicht so ins Konzept passen und wir als „Unkraut" titulieren. Und schon beginnt das Jäten und somit das Grundproblem von vorn. Pflanzen wir zielgerichtet Gewächse, die wir mögen und die am vorgesehenen Ort passende Bedingungen vorfinden, bilden sie eine natürliche Konkurrenz zum Unkraut. Die Kunst ist, die Beteiligten so auszuwählen, dass alle nebeneinander gut gedeihen und nicht einer den anderen verdrängt – außer beim Unkraut, hier ist Verdrängen ausdrücklich erwünscht. Zwischen Gemüsepflanzen bedecken optimalerweise Pflanzen den Boden, die ebenfalls essbar sind, wie Feldsalat oder Busch-Basilikum. Neben der räumlich lückenlosen Bedeckung des Bodens achtet man im Gemüsegarten übrigens auch auf eine zeitlich möglichst lückenlose Bepflanzung: Wenn Gemüse geerntet und somit ein Pflanzplatz frei wird, kommt sofort ein neuer Setzling (der im Gewächshaus schon vorgezogen wartet) an seine Stelle.

Liegen lassen

Die zweite Strategie ist das Bedecken des Bodens durch organische Substanz. In der Natur bleibt alles an Ort und Stelle liegen, was von Pflanzen abfällt, abbricht oder nach dem Absterben übrig bleibt. Egal, ob es sich um krautige oder holzige Pflanzenreste handelt. Diese Schutzschicht aus organischem Material wird in gesunden Ökosystemen regelmäßig genährt, zum Beispiel durch den Laubfall im Herbst. Neben der Schutzfunktion durch Bedeckung des Bodens spielt auch die Humusbildung eine wichtige Rolle. Ausführliches dazu, wie es uns die Natur vormacht, findest du auf Seite 14.

Unter der Elfenblume (*Epimedium*) darf das Laub liegen bleiben. Sie freut sich über den Schutz und einen Nährstoffnachschub nach dem Verrotten.

#machsnachhaltig

GUT GEMULCHT
IST HALB GEGOSSEN

Wie auf den vorhergehenden Seiten erläutert, vermeidet die Natur nackten Boden und man tut gut daran, dieses Prinzip in seinem Garten zu adaptieren. Die naturnaheste und energiesparendste Variante wäre, sämtliches organisches Material so liegen zu lassen, wie und wo es anfällt. Das entspricht jedoch in den wenigsten Fällen dem Geschmack der Gartenbesitzer. Aber obwohl: Unter Hecken und Büschen setzt du das vielleicht nach dem Motto „aus den Augen, aus dem Sinn" bereits um, ohne es explizit „mulchen" zu nennen. Im Grunde ist das „Unter-den-Teppich-kehren" von Falllaub bereits Mulchen – herzlichen Glückwunsch zu dieser nachhaltigen Gartentat! Ausgehend von diesem Erfolgserlebnis kannst du vielleicht überlegen, welche Gartenecke du dem *laisser faire* zunächst versuchsweise noch zur Verfügung stellen kannst: Dort wird der Gärtner zum Beobachter, was auch seinen Reiz hat. Für alle anderen Stellen muss die Methode Mulchen noch etwas in ihrer Optik aufpoliert werden. Kein Problem!

Im Gärtnerlatein spricht man dann vom Mulchen, wenn man im Garten gezielt organisches Material auf dem Boden verteilt. Dabei wird das Material meist zuvor zerkleinert: je kleiner, desto homogener die Optik, aber auch umso schneller die Zersetzung, da die Destruenten eine größere Angriffsfläche haben. Entweder greifst du zur Gartenschere (damit wird's gröber) oder zum Schredder. Ob der elektrische Schredder zu einem nachhaltigen Garten gehört oder nicht, muss jeder für sich entscheiden. Im Falle von selbst hergestelltem Mulch, der große Mengen an Schnittabfällen des eigenen Gartens verwertet und so einen naturnahen Kreislauf etabliert, spricht vieles dafür. Eventuell hast du ja auch die Möglichkeit, dieses Gerät für ein paar Einsätze im Jahr zu leihen (Seite 85).

Vorteile von Mulch

- verbessert nach der Zersetzung zu Humus die Bodenfruchtbarkeit und Bodenstruktur
- mindert die Verdunstung aus dem Boden
- mindert Erosion durch Wind und Starkregen
- mindert Verkrustung der Erdoberfläche nach Regen
- puffert plötzliche Temperaturschwankungen ab
- unterdrückt Unkraut
- fördert das Bodenleben
- fördert die Bodenlockerung: Regenwürmer ziehen das Mulchmaterial in den Boden und hinterlassen dabei Röhren, die den Boden lockern und belüften
- Regenwürmer wandern aufgrund des guten Futterangebots zu und vermehren sich; ihre Ausscheidungen sind nichts anderes als der berühmte nahrhafte Wurmhumus
- Recycling von organischem Material aus dem Garten

Nachteile von Mulch

- kleine Regen- oder Gießmengen werden vom Mulch „geschluckt" und gelangen nicht zu den Gewächsen
- bietet Schnecken Unterschlupf (gegebenenfalls Bretter auslegen, an deren Unterseite sich Schnecken noch lieber verstecken, und absammeln)
- kann je nach Material bei hoher Auflage schimmeln, besonders bei dicken Lagen aus feuchtem Rasenschnitt (dünnere Lagen und Mischen mit trockenen, holzigen Komponenten wie Staudenstängeln oder Herbstlaub schaffen Abhilfe)
- kann bei feuchtwarmer Witterung zu Fäulnis an jungen Setzlingen führen, wenn der Mulch zu dicht an die Wurzelhälse gepackt wird (lässt sich durch Abstandhalten zu jeglichen Pflanzen gut in den Griff bekommen)

Wärme oder Kälte halten

Die Mulchschicht puffert Temperaturschwankungen vor allem zwischen Tag und Nacht ab, aber auch im Übergang der Jahreszeiten. Vereinfacht gesagt schützt die Mulchschicht die Bodentemperatur – egal, ob warm oder kalt. Im Herbst gemulchter Boden gefriert in den ersten Frostnächten nicht so schnell wie offener Boden, hier wird der wärmere Boden geschützt. Während über den Winter gemulchter Boden sich im Frühjahr langsamer erwärmt – in diesem Falle wird die Kälte geschützt. Und manchmal sind „kalte Füße" im Frühjahr sogar ausdrücklich erwünscht, damit gerade Obstgehölze bei den ersten warmen Sonnenstrahlen noch nicht austreiben (und ihre Knospen nachts dem Frost zum Opfer fallen).

Möchtest du so früh wie möglich im Jahr Gemüse anbauen, kannst du im Frühjahr die Mulchschicht für wenige Wochen von den Beeten ziehen, sodass sich der nun – in diesem Falle ist es erlaubt – frei daliegende Boden erwärmen kann. Seine dunkle Farbe ist günstig für das Absorbieren der Sonnenenergie. Stehen erste Kulturen auf den Beeten, mulchst du wieder.

Unkraut hindern

Mulchen reduziert das Jäten auf ein Minimum. Unkrautsamen im Boden wird durch die Mulchschicht das Licht zum Keimen genommen. Samen, die vom Wind herangeweht wurden, wurzeln in der lockeren Mulchschicht und lassen sich leicht herausziehen. Die Unkräuter kannst du einfach obenauf werfen, wo sie absterben und ihrerseits zu Mulch werden.

Womit mulchen?

Im Grunde können alle (gesunden) Pflanzenteile zu Mulch verarbeitet werden. Nur dornige Zweige eig-

GRATIS-MULCH AUS DEM GARTEN

- Rasenschnitt aus dem Rasenmäherfangkorb (Achtung: bei zu dicken Lagen Schimmelgefahr, Rasen vor der Samenreife schneiden, damit man kein Gras auf den Beeten „aussät")
- wüchsige Unkräuter (unbedingt ohne Wurzeln und Samen!)
- Staudenstängel
- Chinaschilf (*Miscanthus*)
- Beinwell (Comfrey)
- Gründüngungspflanzen (Seite 44)
- Herbstlaub
- Putzreste vom Gemüse, wie Möhrengrün, welke Salatblätter …
- gehäckselter Gehölzschnitt, nur unter Gehölzen und Waldstauden (in Kombination mit Hornspänen)
- Rindenmulch, nur unter Gehölzen und Waldstauden (in Kombination mit Hornspänen)
- Stroh (in Kombination mit Hornspänen)
- abgelagerter Mist mit anderem Material gemischt, mit Düngewirkung (keinen frischen Mist verwenden)
- Grobkompost, mit Düngewirkung

nen sich nicht, falls du das Material mit der Hand ausbringst, barfuß laufen möchtest oder Haustiere hast. Abgestorbene, trockene Staudenstängel bilden ein wunderbares kostenloses Mulchmaterial. Im Trend liegen Miscanthushäcksel, also geschredderte abgestorbene Halme des Chinaschilfs – wenn du dieses Gras im Garten hast, kannst du dir eine wunderbare, schneckenunfreundliche Beetauflage selber machen.

Auch das Mulchen mit frischen krautigen Komponenten ist möglich. Die oberirdischen Teile von Topinambur und Goldrute liefern beispielsweise viel Biomasse. Allerdings zersetzen sie sich auch schnell. Die Flächen müssten in diesem Fall regelmäßig nachgemulcht werden, was in manchen Gärten mit überbordendem Pflanzenwuchs mehr Segen als Fluch sein kann – endlich einen Platz, wo man das Schnittgut nutzbringend loswerden kann! Du solltest allerdings nur die Stängel mit Blättern und eventuell Blüten zum Mulchen nehmen. Wurzeln und Früchte bzw. Samen verwendet man sicherheitshalber nicht, auch nicht geschreddert, um ein ungewolltes Ausbreiten zu verhindern.

Zerkleinerte Zweige und Äste vom Gehölzschnitt und Rindenmulch eignen sich als Mulch unter Bäumen und Sträuchern. Allerdings ist dieses Material sehr stickstoffarm und die an der Zersetzung beteiligten Organismen entziehen dem darunter- und umliegenden Boden Stickstoff, um ihr Werk tun zu können. Daraus kann ein Stickstoffmangel für die Pflanzen resultieren, der durch die Gabe von Hornspänen ausgeglichen werden kann. Tendenziell kommen Pflanzen, die ihre Herkunft im Wald oder an Gehölzrändern haben, mit einer holzigen Mulchschicht aber gut zurecht, da sie das von ihrem Naturstandort gewöhnt sind.

Mulchen mit Stroh hat den Vorteil, dass der Gärtner trockenen Fußes seinen Rundgang im Gemüsegarten machen kann. Das Stroh nicht zu dicht an die Pflänzchen bringen.

Ein mit Herbstlaub gemulchtes Beet geht gut geschützt in die Winterpause. Vorteil von Laub als Mulch: Es steht meist in großer Menge und kostenlos zur Verfügung.

Auch Rasenschnitt gibt es umsonst und reichlich. Mit ihm darf allerdings nicht zu dick gemulcht werden, da die fein zerschnittenen Gräser sonst schimmeln. Lieber dünne Lagen ausbringen und dafür öfter nachlegen.

Flächenkompost

Im Prinzip gelten die Vorteile des Mulchens auch für den Flächenkompost. Der Übergang zwischen Mulch und Flächenkompost ist fließend. Meist nennt man die Deckschicht zwischen und unter Gewächsen Mulch, die flächige Bedeckung von abgeernteten oder zum Zwecke der Bodenerholung unbepflanzten Beeten Flächenkompost. Bei Letzterem ist das organische Material in der Regel nicht so homogen zerschreddert wie beim Mulch – die Optik spielt keine große Rolle. Wenn dich das Durcheinander aber stört, kannst du eine dünne Schicht Rasenschnitt obenauf streuen – dann ist das Bild einheitlicher. Und da du nicht befürchten musst, Pflänzchen zu ersticken, kann die Auflageschicht ruhig dicker sein als beim Mulch. Flächenkompost wird häufig zur Entlastung des eigentlichen Kompostplatzes angelegt, wegen seiner positiven Wirkungen verdient er aber auch ganz für sich allein eine Daseinsberechtigung.

Abdecken mit Kies und Steinen

Das Bedecken des Bodens mit Kies oder Splitt kann man ebenfalls als Mulchen bezeichnen. Auch das anorganische Material bietet Schutz vor Erosion und in gewissem Maße auch vor Verdunstung. Und es ist in der Lage, die Wärme des Sonnenlichts während des Tags zu speichern und in den kühlen Abendstunden eine Zeitlang abzustrahlen. Humus entsteht logischerweise nicht. Bei manchen Pflanzen, die sowieso schmale Kost bevorzugen, wie zum Beispiel beim mediterranen Lavendel, ist das sogar erwünscht und magerer Boden verbessert deren Winterhärte. Eine Mulchauflage aus pflanzlichem Material, das sich zersetzt und Humus bildet, wäre also in diesem Fall sogar kontraproduktiv.

FEATURE

MULCHEN EXTREM: MARKUS GASTLS MULCHWURST

Markus Gastl, Gründer des „Hortus-Netzwerkes" (Seite 124), nutzt eine Spezialform des Mulchs: die Mulchwurst. Gerade für Besitzer von Gärten mit einer Wiese, die kein Heu für die Tierfütterung machen möchten, ist diese Methode ideal. Denn die Mulchwurst bietet eine lang ersehnte Verwendungsmöglichkeit für all das lange gesenste Gras, Heu und ganze Stauden-, Brennnessel- und sonstige Unkrautstängel. Wer schon einmal versucht hat, diese Komponenten zu kompostieren, weiß um die schier endlos erscheinende Masse und das Gewirr an Halmen, das mehr schlecht als recht verrottet und zum Großteil im nächsten Jahr als graues Knäuel aus dem Kompost wie Phönix aus der Asche aufersteht.

Markus Gastls Ansatz ist anders: Die Materialien werden vor sich auf der Erde quer zu länglichen Haufen drapiert und zu festen Rollen zusammengerollt; er beschreibt es mit „als wollten Sie einen Teppich aufrollen". Mit etwas Wickelübung entstehen erstaunlich feste Rollen, die man anschließend zum vorgesehenen Ort tragen kann, ohne dass sie auseinanderfallen. Dort legt man sie zum Beispiel zwischen den Reihen mit Gemüsesetzlingen ab.

Die Mulchwurst verrottet wie normaler Mulch auch und bringt Nährstoffe zu den Pflanzen. Es können also im Laufe der Saison immer wieder neue Würste aufgelegt werden, um für Nachschub zu sorgen. Oder aber man „recycelt" alte Mulchwürste, indem man sie aufnimmt und mit frischem Material erneut aufrollt. Auch aus zwei bis drei alten Würsten lassen sich, sofern sie nicht zu verrottet sind, neue kompakte Mulchwürste drehen.

> AUF DEN AUFGELEGTEN BRETTERN KANN MAN BESSER LAUFEN.

Das sind die Vorteile der Mulchwurst gegenüber normalem Mulch:

- das Material braucht nicht zerkleinert werden (Arbeits- und Energieersparnis)
- bleibt transportabel
- lässt sich leicht aufnehmen, vor allem zur Schneckenkontrolle
- wird nicht so leicht weggeweht
- wird nicht so leicht von Vögeln weg-gekratzt
- bei gleichförmigen Rollen bietet es eine gewisse Ästhetik

Mit ein bisschen Übung hat man bald den Bogen raus: Beim Rollen das Material kräftig zusammendrücken, bei Bedarf weiteres Material nachziehen und einarbeiten.

STANDORTGERECHTES PFLANZEN

Pflanzen, die in der Region gezogen wurden, sind gut ans örtliche Klima angepasst.

Wer nicht so viel Wasser verbrauchen möchte, darf nicht so viel Wasser brauchen! Es ist eigentlich logisch: Wenn die Menge an Niederschlag und der Wasserbedarf der Gartenpflanzen signifikant auseinanderklaffen, muss man an einer der beiden Stellschrauben drehen. Und da ein wirksamer Regentanz noch nicht erfunden wurde, hat man nur Einfluss auf das Pflanzensortiment. Einen Standort zu optimieren, ist klasse; ihn um 180 Grad drehen zu wollen, Irrsinn. Es ist viel einfacher, die Pflanze zum Standort auszusuchen, statt den Standort für die Pflanze zurechtzubiegen. Positiver Nebeneffekt: Das „Standortgerechte" bezieht sich nicht nur auf den Wasserbedarf; auch Licht, Boden, Winterhärte und Anfälligkeit für Schädlinge spielen eine Rolle. Je standortgerechter die Pflanze, desto weniger Pflegeaufwand hat der Gärtner.

So weit, so einleuchtend ... Und doch hat jeder seine lang vertrauten Lieblingspflanzen und ein Bild im Kopf, wie sein Garten aussehen sollte. Oft spielen da Prachtstauden eine Rolle, exotische Gewächse und häufig auch eine Pflanze, deren botanischer Name aus gutem Grund übersetzt „Wasserschlürferin" heißt (die Rede ist von der Hortensie). Was also tun? Alles rausreißen und neu anfangen? Das wäre keine kluge Entscheidung im Sinne der Nachhaltigkeit – und außerdem würde einem das Herz bluten.

Schritt für Schritt

Wer in ein Neubaugebiet zieht und gartengestalterisch bei Null anfängt, kann konsequent zu Pflanzen greifen, die mit wenig Wasser zurechtkommen. Alle anderen sollten erst einmal einen kühlen Kopf bewahren: Alles, was gut gedeiht, bleibt erst mal so, wie es ist. Und nur Exemplare, die aus welchen Gründen auch immer eingehen, werden durch Pflanzen mit möglichst optimaler Standorteignung ersetzt.

Über die Jahre würde sich der Garten also immer mehr in die richtige Richtung wandeln. Dieses Vorgehen ist gerade für Gartenbesitzer mit wenig Zeit gut machbar und schont den Geldbeutel.

Standortgerechtes Pflanzen bedeutet, die Gewächse nach den Bedingungen vor Ort auszusuchen. Die feuchtigkeitsliebenden Funkien (*Hosta*) fühlen sich neben dem Teich pudelwohl.

Pflegeintensive Inseln schaffen

Kein Gärtner sollte zum Verzicht auf seine Lieblingspflanzen verdonnert werden. Das Gute an jahrelang etablierten Gewächsen ist, dass sie in der Regel ihre Wurzeln möglichst weit in den Boden gesenkt haben. Sie versorgen sich so gut es geht direkt aus den natürlichen Ressourcen und überstehen Trockenperioden besser, weil sie nicht so auf das Wässern an der Oberfläche angewiesen sind wie Neupflanzungen. Nach dem Motto *never change a running system* sollte man diese Pflanzenveteranen unbedingt an Ort und Stelle lassen. Sie sind meist auch aufgrund ihrer Größe wichtige Strukturgeber im Garten.

Daneben gibt es aber immer auch Exemplare im Garten, die etwas dahinsiechen. Dass sie nicht am optimalen Standort wachsen, erkennt man an artuntypisch gelben schlaffen Blättern, Schädlingen, kümmerlichem Wuchs – sie sehen einfach traurig aus. Zum Wegwerfen zu schade, wäre Umpflanzen einen Versuch wert.

Clever ist, die durstigen Gewächse in einem Gartenbereich zusammenzuziehen, vorzugsweise in der Nähe der Zisterne oder Regentonne. Liegt dieser Gartenbereich teils in der Sonne, teils im Halbschatten von Bäumen, dürften die meisten Kandidaten hier unterkommen können, solange sie keine Spezialanforderungen wie einen sauren Boden stellen. Bei Bedarf könnte man auch zwei oder mehr „Intensiv-Inseln" anlegen, denen der Wasservorrat aus der Zisterne bevorzugt geschenkt wird. In Kombination mit schlauer Bewässerungstechnik und Mulchen (Seiten 38 und 48) ist das ein guter Kompromiss. Das Gros des Gartens kommt mit weniger Zuwendung aus.

FÜR BALKON- UND TERRASSE

Bei Kübelpflanzen gilt: Je größer der Topf – genauer gesagt je größer das Erdvolumen darin –, desto geringer die Verdunstung und umso weniger musst du gießen.

HITZEHELDEN

Die Formel zum Pflanzenglück ist in der Theorie einfach: Pflanze nur die Gewächse, die zum Standort passen und kaum Pflege benötigen. Wasserbedarf und Standortwünsche sind die Hauptkriterien bei der Pflanzenwahl. Vielerorts rücken angesichts des Klimawandels die trockenheitsverträglichen Pflanzen immer mehr in den Fokus.

Auswahl nach Lebensbereichen

Als eine erste schnelle, aber professionelle Auf-einen-Blick-Auswahlhilfe arbeiten einige Gärtnereien und Gartenversender mit dem System der Lebensbereiche. Vereinfacht gesagt steckt es die verschiedenen Gartenbereiche in „Schubladen" nach dem Vorbild der Natur.

Die Lebensbereiche werden zusammengesetzt aus einer Standortzuordnung, beispielsweise Freifläche, Beet, Gehölzrand, Steinanlage (die auch Aussagen über die Lichtverhältnisse treffen: eine Freifläche wird von allen Seiten von der Sonne beschienen), und einer Zahl, die die Feuchtigkeit angibt. Für Landpflanzen sind das die Zahlen von 1 (trocken) bis 4 (nass und sumpfig). Für trockene Regionen bieten sich Stauden folgender Kürzel an:

- Fr1 (Freifläche, trocken)
- B1 (Beet, trocken)
- GR1 (Gehölzrand, trocken)

Bergminze

Clinopodium nepeta, *Calamintha nepeta*

Die Bergminze, auch Steinquendel genannt, blüht mit unzähligen blasslila Lippenblüten viele Wochen lang. Bei der kleinsten Berührung verströmt sie ein frisches, fast kühlendes, angenehm kräftig-minziges Aroma. Sie liebt durchlässigen Boden und gedeiht auch auf Trockenmauern. Ein Rückschnitt nach der Blüte verhindert Selbstaussaat – es sei denn natürlich, das ist gewünscht.

- **Blütezeit:** Juni–August
- **Wuchshöhe:** 30–60 cm
- **Standort:** sonnig, trockener, durchlässiger Boden

Rote Spornblume

Centranthus ruber var. *coccineus*

Diese tolle, genügsame Staude präsentiert üppige Blütenstände in kühlen Rottönen. Viele kennen sie aus dem Englandurlaub, wo sie aus Mauerritzen hervorlugt und auf Trockenmauern thront. Wer sie im Garten aussamen lässt, kann sie an ähnlichen, selbst gewählten Standorten wiederfinden. Es gibt auch eine weiße Sorte (*C. ruber* 'Albus'), die aber nicht so weithin leuchtet wie die Rote Spornblume.

- **Blütezeit:** Juni–September
- **Wuchshöhe:** 50–70 cm
- **Standort:** sonnig, leicht geschützt, trockener, durchlässiger Boden

Steppen-Salbei

Salvia nemorosa

Der Name Steppen-Salbei weist schon auf seine Trockenheitsverträglichkeit hin. Die Staude punktet mit leuchtenden Lippenblüten je nach Sorte von bläulichem Violett bis hin zu rotstichigem Amethyst. Im Gegensatz zu seinem Verwandten aus der Gewürzecke, dem Echten Salbei (*S. officinalis*), kann man den Steppen-Salbei nicht in der Küche nutzen – im Beet ist er aber sowieso viel schöner!

- **Blütezeit:** Juni–August
- **Wuchshöhe:** 40–60 cm
- **Standort:** sonnig, trockener Boden

ENERGIE SPAREN: STROM UND SPRIT

Elektrische Energie ist aus unseren Wohnungen nicht wegzudenken. Inwieweit sie aber im Garten ein Muss ist, kann jeder für sich überdenken. Je nach Gartengröße und Konstitution seiner Bewohner will der eine auf Geräte nicht verzichten. Ein anderer kommt ganz ohne aus und genießt sogar, auf sich selbst zurückgeworfen und nur auf die eigene Körperkraft und Ausdauer angewiesen zu sein – als Gegenentwurf und Ausgleich zum hochtechnisierten Berufsalltag.

BASISWISSEN: ENERGIE

Auch wenn die meisten beim Begriff „Energie" an elektrischen Strom denken, ist Energie weitaus mehr als das, was aus der Steckdose kommt.

Was ist Energie?

In vager Erinnerung an den Physikunterricht mag einem jetzt die Formel „Energie gleich Arbeit mal Zeit" in den Sinn kommen. Das kann man folgendermaßen für den Alltag übersetzen: Wenn du eine Stunde lang (Zeit) deinen Garten mit der Sense mähst (Arbeit), nutzt du Energie. Du merkst es daran, dass dein Körper nach einer Energiezufuhr verlangt. Sprich, du wirst hungrig und musst Kalorien zu dir nehmen. Dein Ziel „Das Gras muss ab!" erreichst du in diesem Falle ohne elektrische Energie, aber nun bist du es, der die Energie aufbringen muss – du investiert „Arbeit mal Zeit". Wenn der Rasenmäher dir bei deinem Vorhaben helfen soll, brauchst du selber weniger Energie, der Mäher aber Strom bzw. Benzin, um kinetische Energie (Bewegungsenergie) zu erzeugen und die Mähermesser in Rotation zu bringen.

Es beginnt bei der Sonne

Die Hauptenergiequelle der Erde ist die Sonne. Ihre Energie – die Solarenergie – erreicht die Erde durch Strahlung. Sie kann auf der einen Seite direkt genutzt werden: Pflanzen betreiben mit ihrer

EIN GRUNDLEGENDES PRINZIP

Energie vergeht nicht und man kann sie genau genommen auch nicht produzieren, sie wird nur von einer Energieform in eine andere umgewandelt. Am Anfang dieser diversen Umwandlungen steht meist die Energie der Sonne.

Hilfe Photosynthese und bilden Biomasse, sprich Stängel, Blätter, Wurzeln, Blüten und Früchte; der Mensch setzt auf Solartechnik (Seite 63) oder nutzt die Sonnenenergie im Kleinen, nämlich schlicht, um die Erde im Frühbeet zu erwärmen (Seite 76). Oder noch grundlegender: Die Sonne wärmt unseren Planeten als wichtige Voraussetzung für das Leben überhaupt.

Auf der anderen Seite kann Sonnenenergie indirekt genutzt werden, nämlich nachdem sie in andere Energieformen umgewandelt wurde. Ein paar Beispiele gefällig? Die sonnengemachte pflanzliche Biomasse liefert uns Menschen Energie: Wir essen Biomasse – besser bekannt unter dem Namen Obst und Gemüse. Und wir nutzen Biomasse auch indirekt für unsere Ernährung, indem sie das Vieh ernährt, das wir dann melken oder schlachten. Aus Biomasse entsteht außerdem unter Mitwirkung von Mikroorganismen und Sauerstoff Humus, der wiederum neues Pflanzenwachstum ermöglicht. Während der Rotte wird thermische Energie (Wärmeenergie) freigesetzt, was die hohen Temperaturen inmitten eines frischen Komposthaufens erklärt und was wir bei Mistbeeten nutzen (Seite 79). Biomasse ist aber auch die Basis bei der Stromerzeugung in kommerziellen Biogasanlagen. Unter bestimmten Voraussetzungen – wie Sauerstoffabschluss, Druck, Hitze und unvorstellbar viel Zeit – entstehen bei der Zersetzung von Biomasse aus Pflanzen bzw. Plankton und Meeresorganismen Kohle, Erdöl oder Erdgas.

Auch andere Energieformen haben ihre Energie ursprünglich von der Sonne, obwohl das auf den ersten Blick häufig gar nicht so ersichtlich ist: Windenergie und Wasserkraft zum Beispiel. Windkraftanlagen erzeugen elektrische Energie mithilfe des Windes – und Wind entsteht dadurch, dass die Sonne Luft unterschiedlich erwärmt (beispielsweise über Wasser und Land) und daraus dann Hoch- und Tiefdruckgebiete resultieren. Laufwasserkraftwerke nutzen mithilfe von Staustufen die natürliche Strömung von Flusswasser. Die Sonne sorgt dafür, dass das Wasser unablässig strömt und nicht irgendwann „alle" ist. (Das Austrocknen von Flüssen lassen wir in unserem Beispiel einmal außen vor. Aber es stimmt natürlich: Wenn bedingt durch den Klimawandel Flüsse in Extremsommern sehr viel weniger Wasser führen als zu Normalzeiten, kann das auch Herausforderungen für Wasser-

Schwarze Flächen absorbieren Sonnenenergie besser als helle Flächen und erwärmen sich mehr. Das macht man sich im Frühjahr zunutze: Je wärmer der Boden, desto besser keimen Aussaaten.

kraftwerke bedeuten.) Die Sonne lässt das Wasser verdunsten. Gemäß dem natürlichen Wasserkreislauf (Seite 24) regnet es dann irgendwann und irgendwo wieder zur Erde, das Wasser sammelt sich teils wieder in Flüssen – und kann damit erneut die Turbinen des Kraftwerks antreiben.
Gezeitenkraftwerke nutzen übrigens ebenfalls die Energie der Wasserströmung. Die ursprüngliche Energie kommt hier allerdings nicht von der Sonne, sondern zur Abwechslung mal vom Mond, da er die Gezeiten verursacht.

Erneuerbar oder nicht erneuerbar

Bei der Unterscheidung von erneuerbaren und nicht erneuerbaren Energien beurteilt man, ob die Energieform quasi unendlich zur Verfügung steht oder endlich ist.
Quasi unendlich verfügbar ist Energie aus Sonne und Wind. Es heißt mit Absicht „quasi unendlich", da auch die Sonne irgendwann verbrannt sein wird. Das liegt aber aller Voraussicht nach in so weiter Ferne, dass wir im Rahmen dieses Buchs die Sonnenenergie als unbegrenzt verfügbar ansehen. Zu den erneuerbaren Energien zählen nicht nur die unbegrenzt verfügbaren Energieformen, sondern auch solche aus Quellen, die zwar in ihrer Masse begrenzt sind, sich in relativ kurzer Zeit aber immer wieder erneuern, wie Holz als Brennstoff oder Biomasse zur Biogasgewinnung.
Zu den nicht erneuerbaren Energien gehören die zuvor genannten fossilen Brennstoffe wie Stein- und Braunkohle, Erdöl und Erdgas. Der Begriff „fos-

sil" deutet schon darauf hin, dass wir dabei von Entstehungsprozessen profitieren, die vor mehreren Millionen Jahren abliefen. Die Sonnenenergie von vor Jahrmillionen wurde in diesen riesigen natürlichen „Batterien" gespeichert – und wir nutzen sie heute in Kraftwerken, in unseren Heizungen oder PKW. Eine Neubildung im gleichen Maße und Zeitraum, in der wir die fossilen Energieträger heute verbrauchen, ist völlig utopisch. Daher werden Kohle, Erdöl und -gas vermutlich in nicht allzu ferner Zukunft ihre Endlichkeit beweisen; und somit zählen sie zu Recht zu den nicht erneuerbaren Energien. Logisch, dass man deren Einsparung vorrangig anstreben sollte. Weiterer Ansporn zur Einsparung: Bei der Gewinnung und Förderung, beim Transport und beim Verbrennen werden hohe Mengen an Treibhausgasen – hauptsächlich CO_2, aber auch Methan und Lachgas – ausgestoßen.

Und was ist mit Strom?

Elektrische Energie, landläufig einfach als Strom oder Elektrizität bezeichnet, ist nur eine der vielen Energieformen – in unserem Alltag aber eine mit zentraler Bedeutung. Elektrische Energie lässt Leuchten erstrahlen, treibt Elektrogeräte an und macht damit einen großen Teil unseres Komforts aus.
Kohle und Erdgas als nicht erneuerbare Energieträger sowie Wind und Wasserkraft, Biogas, Erdwärme und Photovoltaikanlagen liefern dabei zu unterschiedlichen Anteilen die Energie, die in Kraftwerken in elektrische Energie umgewandelt wird. An-

Selbst auf dem Balkon einer Mietswohnung kann man Strom durch Sonnenenergie erzeugen. Vorher aber unbedingt mit Vermieter und Behörden sprechen.

schließend wird sie durch Stromleitungen in unsere Haushalte transportiert – leider mit Verlusten. Je länger der Weg, desto mehr Energieverlust: Als Faustformel kann man von 1 Prozent Verlust auf 100 km Leitungsstrecke ausgehen; hinzukommen weitere Verluste beim Transformieren der Energie, denn der größte Teil des Stromtransports erfolgt auf einem höheren Spannungsniveau als in unseren Hausleitungen, Stichwort: Hochspannungsleitungen. Es muss also mehr Strom produziert werden, damit wir unseren Häcksler mit 2200 W anschmeißen können.

Solar und Photovoltaik

Oft wird die Frage gestellt, ob das „Ding" auf dem Dach eine Solar- oder eine Photovoltaikanlage ist. Die Frage ist nicht ganz richtig gestellt. „Solaranlage" ist ein Oberbegriff für Anlagen, die die Energie der Sonne (Solarenergie) nutzen.

Man unterscheidet richtigerweise Solarthermie- und Photovoltaikanlagen. Solarthermieanlagen erhitzen Wasser, zum Beispiel in den typischen Flach-

kollektoren auf dem Hausdach, und nutzen es zur Unterstützung der Heizung und zur Warmwasserbereitung fürs Haus. Bestimmte Solarthermieanlagen können zwar auch Strom erzeugen, indem mit dem erhitzten Wasser (oder Öl) eine Turbine angetrieben wird. In der Regel werden Solarthermieanlagen aber für erstgenannten Zweck bei Ein- oder Mehrfamilienhäusern genutzt.

Bei der Photovoltaik wird Solarenergie mittels Solarzellen in elektrische Energie umgewandelt. Auch das kann auf dem heimischen Hausdach passieren! Selbst für Flachdächer gibt es entsprechende Systeme. Heute sind die Kosten für die erforderlichen Module so gering, dass sich eine Photovoltaikanlage durchaus rentiert, vorausgesetzt das Dach muss die nächsten 30 Jahre nicht erneuert werden. Je nach Dachgröße, -beschaffenheit und -ausrichtung amortisieren sich die Anlagen in zehn bis 15 Jahren, geht man von konstant hoch bleibenden oder weiter steigenden Strompreisen aus. Ein möglicher Energieüberschuss kann auch ins öffentliche Stromnetz eingespeist werden; die Entlohnung ist momentan zwar nicht berauschend, aber besser als nichts.

Bei Photovoltaik muss man aber gar nicht in so großen Dimensionen denken. Folgende Elemente sind genau genommen bereits kleine Photovoltaikanlagen, die den aus Sonnenenergie erzeugten Strom kurz speichern und dann für ihren Zweck verwenden können:

- Solarleuchten
- Solarlichterketten, -lampions und ähnliche Dekoartikel
- Solarteichsprudler und -belüfter
- Solarventilatoren fürs Gewächshaus
- Solarhausnummernschilder

Solar- oder Photovoltaikanlagen kann jeder Hauseigentümer für sich in Betracht ziehen, muss sich vorab aber über die Bauvorschriften und Genehmigungsverfahren informieren.

ZAHLEN & FAKTEN

Photovoltaikanlagen wandeln Sonnenenergie in Strom um. Solarthermieanlagen wandeln Sonnenenergie in Wärme um.

Solartechnik bietet sich für Geräte an, die man vorrangig zu Jahreszeiten mit schönstem Sonnenschein nutzt, wie den Teichsprudler unweit des sommerlichen Sitzplatzes.

Die Energiequellen aus Umweltsicht

Bei der Stromerzeugung aus Kohle und Erdgas entsteht unter anderem klimaschädliches CO_2, außerdem werden Ökosysteme durch die Abbaumethoden stark belastet. Hinzu kommt, dass hierbei nicht erneuerbare Energien auf Nimmerwiedersehen verbrannt werden.

Photovoltaik-, Windkraft-, Wasserkraft- und Biogasanlagen schneiden besser ab als Kohle und Gas. Jedoch sind momentan einfach nicht genügend entsprechende Anlagen vorhanden, um den gesamten Energiebedarf des Landes zu decken.

Und auch bei den Biogaskraftwerken findet man ein Haar in der Suppe: Die Photosynthese der Pflanzen, die Sonnenenergie in Biomasse umwandelt, hat nur einen geringen Wirkungsgrad von wenigen Prozent. Kurzum: Es wird sehr viel Biomasse benötigt, um in Biogasanlagen nennenswerte Strommengen zu gewinnen. Der Wirkungsgrad ist also in Bezug auf die verbrauchte Anbaufläche, zumeist Maisfelder, relativ schlecht. Im Vergleich dazu: Photovoltaik-Freiflächenanlagen haben interessanterweise einen besseren Flächenwirkungsgrad als Maisanbau für Biogaskraftwerke auf einer gleich großen Fläche. Außerdem bilden Photovoltaik-Freiflächenanlagen neue Biotope, in denen sich viele Insekten und andere Tiere einfinden, während Mais-Monokulturen eher unnütz für die Fauna sind. Nachteil von Photovoltaikanlagen ist natürlich, dass sie naturgemäß nur tagsüber, wenn die Sonne scheint, Strom erzeugen und somit Speicher benötigt werden.

Kaufentscheidung als Statement

Der Verbraucher kann zumindest über die Wahl seiner Stromart beim Energieanbieter – Stichwort Ökostrom – einen kleinen Beitrag zur Gewichtung der Energiequellen leisten. Aber Achtung: Wechselt man beispielsweise beim örtlichen Stromanbieter-Riesen vom herkömmlichen in den „grünen" Tarif, werden deswegen noch lange nicht mehr Anlagen zur Nutzung erneuerbarer Energien gebaut. Intransparente Strommix-Tarife und die Möglichkeiten des Zertifikate-Handels machen die ganze Sache für den Verbraucher schlecht durchschaubar. Du gibst mit deinem Tarifwechsel zwar ein Statement ab, unterstützt wirtschaftlich aber immer noch Firmen, die größtenteils auf nicht erneuerbare Energiequellen setzen. Und nicht jeder Energiekonzern, der einen Ökostromtarif anbietet, befürwortet und fördert gleichzeitig die Energiewende.

Am besten informiert man sich auf Internetseiten (mehr dazu im Service ab Seite 126), welche Anbieter wirklich Strom aus 100 Prozent erneuerbaren Energien auf dem Strommarkt einkaufen, und konzentriert sich auf Anbieter, die ausschließlich Ökostrom anbieten (denn die gibt es in der Tat!) oder ihre Strommix-Tarife zumindest sehr transparent halten.

Nutze wann immer es geht die **kostenlose** Energie der Sonne.

ENERGIE EINSPAREN

Der Wunsch „Energie zu sparen" ist in den allermeisten Fällen nicht wörtlich zu verstehen. Häufig ist damit das Einsparen von Strom oder Benzin, also der Wunsch nach einem verminderten Verbrauch fossiler Brennstoffe gemeint. Das verringert die Probleme für Umwelt und Klima, die aus dem Ressourcenverbrauch und den schädlichen Emissionen resultieren, und schont den Geldbeutel. Gegen die Nutzung von Sonnenenergie oder unserer „Muskelenergie" ist aus Umweltsicht nichts einzuwenden – bei wörtlicher Auslegung fallen nämlich auch diese Aspekte unter die Überschrift „Energie sparen". Und in der Tat: Für viele Gärtner spielen Arbeitserleichterungen eine wichtige Rolle, damit nicht mehr so viel der eigenen Energie investiert werden muss. Und weil dieser Punkt so wichtig ist, gibt es ab Seite 98 einen extra Abschnitt dazu.

Wer Energie im Garten sparen möchte, kann sich diesem Ziel aus zwei Richtungen nähern. Entweder er lässt seinen Garten so, wie er ist, und sucht für die notwendigen Arbeiten energieeffizientere Hilfsmittel, als er bisher genutzt hat. Oder aber er legt fest, welche Geräte (wenn überhaupt) er benutzen und wie viel seiner eigenen Manpower er investieren möchte, und gestaltet unter diesen Maßgaben seinen Garten um.

Auf Null setzen

Eine Möglichkeit, die gar nicht so häufig ins Kalkül gezogen wird, aber einen großen Unterschied macht, ist das Weglassen. Manchmal kann man Energie einfach weglassen – ausknipsen, abmontieren, Tschüss und weg! Dann ist der Weg zur hinteren Terrasse nachts eben nicht beleuchtet. Und ei-

ENERGIE SPAREN

- energieintensive Geräte so weit wie möglich reduzieren und so kurz wie möglich nutzen
- sparsame Gerätemodelle wählen
- über andere Energieformen nachdenken: Solarleuchte statt Fluter, Handgeräte ins Kalkül ziehen
- den Garten umgestalten unter dem Gesichtspunkt der Energieeffizienz
- Neukäufe und vor allem Fehlkäufe reduzieren, dadurch geringere Produktion, auch von Verpackung
- Müll vermeiden
- Sonnenenergie direkt nutzen

nen Laubbläser braucht sowieso kein Mensch. Wer bei allen Ausstattungsstücken und Tätigkeiten im Garten, bei denen er Energie nutzt, einmal knallhart fragt: „Was passiert, wenn ich das weglasse?", hat die Chance, zu sehr konsequent nachhaltigen Entscheidungen zu kommen. Ja, das ist radikal – aber es lassen sich ausgehend von diesem extremen Gedankenspiel sehr gute Kompromisse entwickeln.

Sparsame Alternativen suchen

Wer seinen Traumgarten klar vor Augen hat und nicht davon abweichen will, hat es oft nicht leicht, energiesparende Alternativen zur bisherigen Motorpower zu finden. Wenigstens sind die modernen Modelle häufig energiesparender als ihre Vorgänger. Die Kunden sind seit ein paar Jahren sehr sensibel für das Thema, sodass viele Hersteller auf geringen Verbrauch und nachhaltige Produktion achten. Wenn ich jedoch ein voll funktionsfähiges Gerät verschrotte, um mir ein neues, frisch produziertes Modell samt Verpackungsmüll ins Haus zu holen, sieht die Energie- und Nachhaltigkeitsbilanz meist

nicht so rosig aus. Deine Chance kommt, wenn ein Gerät, das du gern weiter nutzen willst, so kaputt geht, dass sich die Reparatur nicht lohnt.

Als Indiz für die Energiemenge, die das Gerät benötigt, dient die sogenannte Nennleistung, die man häufig etwas versteckt unter der Rubrik „Technische Details" in der Produktbeschreibung findet. Sie wird meist salopp als Wattzahl bezeichnet: hohe Wattzahl, hoher Verbrauch – niedrige Wattzahl, niedriger Verbrauch, allerdings manchmal auch weniger Power. Die Wattzahl allein ist nicht ausschlaggebend, wie schnell oder kraftvoll ein Gerät arbeitet. Immer durchdachtere Konstruktionen mit besserer Kraftübertragung, bessere Materialien und höhere Effizienz bei der Nutzung der Energie machen unter Umständen bei geringerem Verbrauch gleichwertige oder bessere Arbeit als ihre energiefressenden Vorgängermodelle.

Und schließlich kann man sich fragen, ob die bisherige Leistung wirklich unbedingt nötig ist oder man auch mit einer Nummer kleiner zurechtkommt. Viele Gerätehersteller geben praktische Größen-

Für die meisten Gärtner wird wohl der goldene Mittelweg der richtige sein: Arbeitskraft mit Spaß investieren, zeitweise auch zum Preis von zerkratzten Händen und Muskelkater, und gleichzeitig die Unterstützung sinnvoller Technik nutzen.

ordnungen für die Leistung an: Für wie viele Quadratmeter Rasen ist der Mäher empfehlenswert?

Bei allen Überlegungen zum Energiesparen sollte nicht nur der momentane Verbrauch, sondern auch der Verbrauch während des Herstellungsprozesses, bei der Logistik und Entsorgung betrachtet werden, die sogenannte „graue Energie" (mehr dazu auf Seite 107).

Energieformen ersetzen

Da ein Garten immer ein künstliches Gebilde ist, wird man ständig in irgendeiner Form Energie aufwenden müssen, um ihn aufrechtzuerhalten. Daher kann man häufig nur eine Energieform durch eine andere ersetzen. Aber das ist auch gar nicht weiter schlimm. Denn im nachhaltigen Garten geht es darum, unerwünschte Energieformen zu vermeiden oder wenigstens zu reduzieren und durch „bessere" Energieformen zu ersetzen. Unerwünscht können Energieformen sein, weil ihre Nutzung Raubbau an der Natur bedeutet und kommende Generationen vor ein Ressourcenproblem stellen könnte, weil sie das Problem des Klimawandels durch erhöhten CO_2-Ausstoß verstärken oder weil sie teuer sind.

„Bessere" Energieformen sind solche, die unbegrenzt und möglichst auch kostenlos zu Verfügung stehen: Die Sonnenenergie ist hier die Nummer eins. Ein Beispiel: Es ist energetisch sinnvoller, Jungpflanzen im Frühbeet heranzuziehen, als die Pflänzchen mit elektrischer Wärmeplatte unter den Saatschalen und künstlicher Pflanzenleuchte über ihren Köpfen zu päppeln. Und wenn das Frühbeet dann noch aus Recyclingmaterial vor Ort, gebrauchten Mauersteinen und einem alten Holzfenster beispielsweise, gebaut wurde, sieht die Energiebilanz noch besser aus.

HÖHERE EFFIZIENZ

Ein schönes Beispiel: Die gute alte Glühbirne, die früher mit 60 Watt über unserem Esstisch baumelte, erleuchtete wie gewünscht das Abendessen, wurde nebenbei aber so heiß, dass man sie nicht anfassen konnte. Nur etwa 5 Prozent der Energie wurde in Licht, der große Rest in Wärme, die genau genommen niemand brauchte, umgewandelt. Die heutigen LED-Lampen erhellen genauso gut, aber mit nur etwa einem Sechstel an Energieverbrauch – denn hier wird sehr wenig unnütze Wärme produziert.

Last but not least kann auch der Mensch mit seiner Energie einspringen: Wenn du auf motorbetriebene Rasenmäher verzichten möchtest, musst du den Handmäher mithilfe deiner Muskelkraft schieben, das Gras sensen oder sonst irgendwie per Hand abschneiden. Dann musst du mehr eigene Energie – mehr Arbeit oder mehr Zeit oder beides – aufwenden, um Strom oder Benzin zu sparen. Und das kann auch sehr erfüllend sein.

Energie sparen durch Umgestalten

Gartengestaltung und Energieeinsatz hängen zusammen. Wenn man den festen Entschluss gefasst hat, weniger Energie in den Garten zu stecken, wird sich das unweigerlich auf das Aussehen, gegebenenfalls auch auf die Funktionen auswirken – und das kann ganz neue, unerwartete optische Genüsse nach sich ziehen.

Wirklich Energie einsparen im Garten kann nur derjenige, ...

... der seine Gartengestaltung überdenkt und vereinfacht.

Einige Anregungen:
- standortgerechte Bepflanzungen (Seite 54) statt empfindlicher Prachtstauden oder Exoten
- Blumenwiese statt Rasen
- Staudenbeete statt Rasen
- freiwachsende Hecke statt Schnitthecke
- „Inselbeete" im Rasen vermeiden
- wenn Rasen, dann ein größeres zusammenhängendes Stück
- Stauden und Gehölze statt einjähriger Sommerblumen
- robuste Bodendecker statt nacktem, unkrautfreiem Boden
- Kübelpflanzen reduzieren, auf Gewächshausheizung verzichten
- immer- oder wenigstens wintergrüne Heckenpflanzen (als Windfang) und kuschelige Decken statt Terrassenheizstrahler

Ist das angemessen?

Nachhaltige Ideen können manchmal nur durch einen einmaligen hohen Energieaufwand umgesetzt werden. Oft lohnt es sich aber! Ein Beispiel: Eine Regenwasserzisterne (Seite 31) ist nicht zuletzt aufgrund niederschlagsarmer, heißer Sommer, die viele Meteorologen in Zukunft vermehrt erwarten, eine lohnende Anschaffung. Um dieses wichtige nachhaltige Element im Garten zu installieren, wird man um Motorenkraft aus fossiler Energie kaum herumkommen. Bei einer Anlage, die beispielsweise 6 m³ Wasser fassen kann, sind nun einmal auch 6 m³ Erde im Weg. Diese per Spaten zu bewegen – was die nachhaltigste Lösung wäre –, ist für die allermeisten Konstitutionen eine Schnapsidee. Hinzu kommt bei diesem einfachen Beispiel, dass der Bagger wohl kaum gekauft werden würde, sondern stundenweise geliehen. Ein bisschen haben diese Überlegungen etwas von „der Zweck heiligt die Mittel" und so kann jeder für sich abwägen.

ES WERDE LICHT...

Leuchte, Lampe oder Birne? Mit „Lampe" meint man umgangssprachlich das Leuchtmittel, gerne in Anlehnung an die Glühbirne heute noch „Birne" genannt. Die Leuchte ist beispielsweise die Laterne, in die die Lampe geschraubt wird.

Bestimmte Gartenpartien sollte man erleuchten können, wenn es dämmert. Abends, wenn man den Einkauf ins Haus trägt oder Gäste vor der Gartenpforte stehen, sollte Sicherheit vor Sparsamkeit gehen. Dann sollte man die Möglichkeit haben, diese vielgenutzten Wege ausreichend hell zu beleuchten. Je älter die Bewohner, desto wichtiger ist das Minimieren von Stolpergefahren durch schlechte Sicht.

Dank der nicht mehr ganz so neuen LED-Lampen ist dies sogar recht energiesparsam möglich. Sie haben einen bis zu 80 Prozent geringeren Stromverbrauch als die guten alten Glühbirnen, da sie eine bessere Lichtausbeute vorweisen (Seite 68). Außerdem halten sie bis zu zehnmal länger. Damit sind sie auch energiesparender als Halogenlampen und die früher als stromsparend geltenden „Energiesparlampen" (die im Gegensatz zu LEDs übrigens giftiges Quecksilber enthalten).

Wer den Hausbau selber plant, kann zudem die strategisch wichtigen Punkte durch kurze Wege miteinander verbinden. Entsprechend wenige Lichtquellen reichen dann aus; eventuell genügt eine einzige Leuchte direkt am Haus. Bei diesen Überlegungen schau dir auch die Straßenbeleuchtung an! Manchmal fällt von dort genügend Licht in den Vorgarten, sodass man von dieser ohnehin vorhandenen Beleuchtung profitieren kann.

Man sollte übrigens der Versuchung widerstehen, alte 100-Watt-Glühbirnen, die man vielleicht noch in der hintersten Schrankecke gefunden hat, nach dem Motto „für draußen geht's noch" an Einfahrten oder Gehwegen zu nutzen. Diese letzten Exemplare ihrer Art kann man noch an äußerst selten benutzen Orten, wie dem Dachboden, aufbrauchen. Denn je häufiger und länger man eine Lampe benutzt, desto größer ist ihr Einfluss auf die Energiesparbilanz des gesamten Haushalts.

Wichtig ist, Leuchtenmodelle auszusuchen, die explizit für den Außenbereich gedacht sind. Leuchten werden sogenannten Schutzklassen zugeordnet, die etwas über den Schutz vor dem Eindringen von Fremdkörpern (Staub) und – für den Außenbereich besonders wichtig – von Feuchtigkeit aussagen. Eine höhere Schutzklasse darf für den angedachten Zweck immer verwendet werden, nur eine geringere Schutzklasse darf nicht sein, denn mit Elektrik in Verbindung mit Wasser ist nicht zu spaßen.

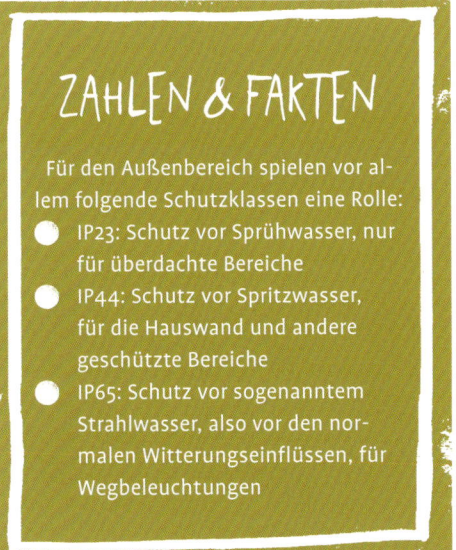

ZAHLEN & FAKTEN

Für den Außenbereich spielen vor allem folgende Schutzklassen eine Rolle:

- IP23: Schutz vor Sprühwasser, nur für überdachte Bereiche
- IP44: Schutz vor Spritzwasser, für die Hauswand und andere geschützte Bereiche
- IP65: Schutz vor sogenanntem Strahlwasser, also vor den normalen Witterungseinflüssen, für Wegbeleuchtungen

LED-Lampen

Bei den LED-Leuchtmitteln hat man die Qual der Wahl. Wie früher bei den Glühbirnen auch gibt es unterschiedliche äußere Formen, die eher Geschmackssache sind bzw. manchmal zur Bauart der Leuchte passen müssen. Interessanter sind die Angaben der Farbtemperatur und der Schaltfestigkeit.

Die Farbtemperatur wird in Kelvin (K) angegeben und rangiert von kaltweiß (tageslichtweiß, etwa 5300 K) über neutral (4000 K) bis hin zu warmweiß (2700 K). Für den Außenbereich bieten sich an Stellen, wo es ums Sehen und Erkennen, sprich um Sicherheit, geht, hohe Kelvin-Werte, also tageslichtweiße Leuchtmittel an. Allerdings haben gerade diese einen negativen Einfluss auf nachtaktive Tiere. Warmweiße Leuchtmittel dienen eher dem Lounge-Feeling, wobei man sich im nachhaltigen Garten hier aber fragen kann, ob man nicht darauf verzichten und vielleicht stattdessen lieber in der Dämmerung „leuchtende" Blüher bevorzugen will (Seite 74).

Die Lebensdauer einer LED-Lampe wird einerseits über die zu erwartenden Stunden, die sie in der Lage ist zu leuchten, beispielsweise 25000 Stunden, definiert, andererseits durch die sogenannte Schaltfestigkeit bzw. durch die Anzahl der Schaltzyklen. Steckt die Lampe in einer Leuchte, die sehr häufig an und ausgeknipst wird, sollte der Wert bei mindestens 50000 liegen. All das findet man im Kleingedruckten auf der Lampenverpackung.

Übrigens hat auch hinsichtlich der CO_2-Bilanz eine LED-Lampe die Nase vorn. Denn der Großteil des CO_2-Ausstoßes entfällt auf den Energieverbrauch. Und da die LED-Lampe eine lange Lebensdauer bei geringem Energieverbrauch aufweist, ist sie die derzeit beste Lösung.

Solarleuchten

Auch eine Solarleuchte hat eine LED-Lampe; die Photovoltaikzelle in der Leuchte speichert den bei Sonnenlicht gewonnenen Strom in einem Akku und gibt ihn bei Dunkelheit wieder an die LED-Lampe ab: Wenn es dämmert, leuchtet sie. Nicht strahlend hell, sondern eher dezent. Mehrere clever platzierte bodennahe Leuchten reichen jedoch zur Markierung des Gehwegs. Ein Stromanschluss ist nicht nötig; jedoch darf man nicht vergessen, dass auch Solarleuchten graue Energie aus Herstellung und Logistik (Seite 107) auf dem Buckel haben. Daher ist absoluter Spitzenreiter in Sachen Nachhaltigkeit: Mut zur Dunkelheit.

ZAHLEN & FAKTEN

Lichtquellen mit hohem Blauanteil im Spektrum, also kaltweißes Licht, machen nachtaktiven Tieren besonders zu schaffen und stören nachweislich den menschlichen Schlaf und somit auf lange Sicht das Wohlbefinden. Nach oben abstrahlendes Licht trägt wesentlich zur sogenannten Lichtverschmutzung bei, sichtbar besonders über Ballungsräumen, über denen nachts eine regelrechte Lichtglocke zu schweben scheint. Dass das unter anderem Nachtfalter und Vögel irritiert, liegt auf der Hand.

Solarleuchten wandeln Sonnenenergie in elektrische Energie um, daher wäre der Begriff „Photovoltaikleuchte" eigentlich präziser, hat sich aber nicht etabliert.

Und wenn es dunkel bleibt?

Die Frage ist, ob immer alles hell erleuchtet sein muss. Dies ist ein Plädoyer für partielle Dunkelheit! Überall dort, wo man nicht regelmäßig im Dunkeln hin muss, versuchen wir mal etwas ganz Verrücktes: Hier darf es Nacht sein! Und das leistet einen wichtigen Beitrag für ein vielfältiges Gartenleben: Insekten, die nicht nur sprichwörtlich wie Motten zum Licht und damit in ihr Verderben fliegen, Vögel, die von künstlicher Festbeleuchtung in ihren Brütrhythmen gestört werden, und andere gartenbewohnende Tiere wird's freuen.

Und auch der Mensch profitiert: Du musst keine Elektrokabel bis in den hintersten Winkel deines Gartens verlegen – das steht fest. Was noch diskutiert wird, sind die Auswirkungen auf den Körper, wenn künstliches Licht, zum Beispiel die Straßenbeleuchtung, ins Schlafzimmer scheint und es nie richtig dunkel wird. Der Mensch regeneriert bekanntermaßen in der Nacht. Was aber, wenn es dauerhaft lichttechnisch gar nicht wirklich Nacht wird?

Wer nachts partout noch zum Komposthaufen muss oder die Katze im Garten sucht – kann für diese wenigen Ereignisse im Jahr ruhig einmal zur Taschenlampe greifen. Und für die Stimmung am abendlichen Sitzplatz, nicht für taghelles Flutlicht wohlgemerkt, können punktuell Solarleuchten sorgen. Vielleicht genügen dir aber auch weiß blühende Beetschönheiten, die Highlights in der Dämmerung setzen – eine Auswahl an „lichtbringenden" Blühern findest du nach einmal Umblättern.

Mut zur Dunkel-heit!

Lieber zielgerichtet Gartenbereiche beleuchten, wo es nötig ist und der Sicherheit dient, beispielsweise an Wegen und Treppen. Licht, das diffus in alle Richtungen scheint, begünstigt Lichtverschmutzung und irritiert tierische Gartenbewohner.

LICHTBRINGER

Wie bitte – Pflanzen, die Licht bringen, die leuchten und strahlen? Du hast recht, das gibt es nicht. Aber es gibt Pflanzen, die aus dem letzten Fitzelchen Licht der Sonne was Tolles machen! Strahlend weiße Blüten reflektieren das Licht, also auch die letzten Abendsonnenstrahlen und fahles Mondlicht, und scheinen fast selbst zu leuchten. Infrage kommen die drei hier porträtierten Schönheiten. Des Weiteren ist die Mondviole (*Lunaria rediviva*) mit hellvioletten, fast weißen, nachts duftenden und von Nachfaltern besuchten Blüten schön, auch die weiße Sorte des Fingerhuts (*Digitalis purpurea* 'Alba', sehr giftig!) sowie viele andere mehr. Wer also weiße Blüher in der Nähe seines Sitzplatzes pflanzt, braucht lange kein künstliches Licht. Klar, zum Lesen reicht es nicht, aber um sich zu orientieren und wohlzufühlen. Denn seine Außenwelt erkennen oder zumindest erahnen zu können, ist ein uraltes menschliches Bedürfnis aus der Zeit, als wir uns noch vor wilden Tieren in Acht nehmen mussten.

Auch hell panaschierte Blätter können Highlights setzen. Vorteil ist, dass ihr Strahlen nicht auf die wenigen Wochen der Blütezeit begrenzt ist. Bekannt sind Kaukasusvergissmeinnicht (*Brunnera macrophylla* 'Dawson's White' oder 'Jack Frost') und die Silberblatt-Sorte *Lunaria annua* 'Variegata Alba': Sie trägt sogar weiße Blüten zum weiß panaschierten Laub.

Nachtviole
Hesperis matronalis 'Alba'

Die Nachtviole präsentiert über Wochen strahlend weiße Blüten mit einem winzigen grünlichen Verlauf in der Blütenmitte. Mit der Abenddämmerung entwickelt sich ihr toller Duft, der Nachtfalter und Menschennasen anlockt. Farbwirkung und Duft kommen erst in größeren Gruppen gut zur Geltung, was aber kein sonderliches Problem sein sollte, da sich die Staude gern selbst aussät.

- **Blütezeit:** Mai–Juli
- **Wuchshöhe:** 60 cm
- **Standort:** sonnig bis halbschattig, frischer Boden

Wald-Geißbart
Aruncus dioicus

Diese heimische Großstaude mit cremeweißen Blütenrispen und hübsch gefiederten Blättern macht ordentlich was her und beansprucht schon mal einen Quadratmeter für sich. Wem das doch zu ausladend ist: Der Wald-Geißbart hat auch eine kleine Schwester, die passenderweise Kleiner Geiß-bart (*A. aethusifolius*) heißt.

- **Blütezeit:** Juni–Juli
- **Wuchshöhe:** 120–180 cm
- **Standort:** halbschattig bis schattig, gern frischer Boden, kommt eingewachsen aber mit fast allen Gartenböden zurecht

Diptam
Dictamnus albus 'Albiflorus'

Eigentlich kennt man den Diptam, wenn überhaupt, mit leuchtend pinkfarbenen Blüten. Es gibt ihn aber auch in einem recht klaren Weiß – nicht creme, nicht grünlich, sondern weiß! Man sollte die robuste Staude vorsichtshalber nicht direkt an Sitzplätze oder am Weg pflanzen, wo man sie streifen könnte. Sie kann bei Hautkontakt phototo-xische Reaktionen hervorrufen. In zweiter Reihe ge-pflanzt ist sie aber ein toller Hingucker.

- **Blütezeit:** Juni–Juli
- **Wuchshöhe:** 70–100 cm
- **Standort:** sonnig, kalkliebend und trocken

#machsnachhaltig

SONNENENERGIE NUTZEN: FRÜHBEET BAUEN

Die Sonne beschenkt uns bereits im zeitigen Frühjahr mit ihrer Wärme – relativ zuverlässig und garantiert kostenlos. Die Energie reicht zwar noch nicht, um die Luft im Freiland so zu erwärmen, dass die Anzucht unter freiem Himmel gelingen würde. Aber in einem Frühbeet kannst du locker einen Monat früher als im ungeschützten Garten beginnen, Gemüse auszusäen – Vorkultur unter Glas genannt. Je nach Region kannst du oft schon Ende Februar starten. Und die Pflänzchen können dort bis zum Auspflanzen geschützt zu Kräften kommen.

Auch im Herbst profitierst du von dem kleinen Kasten: Hier drin friert es nicht so schnell wie im Freiland. Feldsalat oder Endivien kannst du in milden Wintern sogar das ganze Jahr über ernten. Frostfrei wird dein Frühbeet ohne Heizung nicht bleiben, aber auf alle Fälle geschützter.

Damit möglichst jeder Strahl der tief stehenden Frühlingssonne hineinscheint, sollte der lichtdurchlässige Deckel schräg aufliegen und das Frühbeet in Ost-West-Ausrichtung aufgestellt werden. Das heißt, die niedrigere Längsseite liegt im Süden, die höhere Seite im Norden.

SEI DOCH NICHT SO SCHOCKIERT!

Bevor die Pflanzen ins Beet kommen, müssen sie durchs Öffnen, später auch durchs Abnehmen der Abdeckung langsam an die Außentemperaturen gewöhnt werden. Ohne Abhärtung würden die Pflanzen einen Schock erleiden.

An sonnigen, milden Tagen muss ohnehin gelüftet werden, damit die Pflanzen nicht verbrennen. Hier entwickelt man bald ein Gefühl fürs richtige Timing.

So geht's:

1. Zunächst baust du den Kasten: Am einfachsten und preiswertesten gelingt er aus Holzbrettern. Du musst nicht so viel schneiden, wenn du das Holz in Standardbreiten (zum Beispiel 30 und 20 cm Breite) verwendest. Die Längen richten sich nach der Abdeckung, die du planst. Vielleicht kannst du ein altes Holzfenster recyceln?

2. Die Minimalversion wäre ein 30 cm breites Brett für die lange Vorderseite sowie ein 30 cm und ein 20 cm breites Brett übereinander für die lange Rückseite. Verbinde beide Rückseiten-Bretter mittig, je nach Länge ein oder mehrmals, durch innen angeschraubte senkrechte Leisten oder verzinkte Flachverbinder aus dem Baumarkt.

3. Für die kurzen Seiten musst du jeweils ein 20 cm breites Brett diagonal abschrägen. Wer besonders sauber schneiden kann, braucht nur ein 20 cm breites Brett für beide Seiten zusammen, denn dann kann er das Brett genau diagonal trennen und beide Seiten verwenden.

4. Verbinde nun ebenfalls jeweils ein (gerades) 30 cm und ein diagonal zugeschnittenes 20 cm breites Brett – du erhältst zwei Seitenwände mit schräger Oberkante.

5. Die Rahmenteile entweder mit senkrechten Kanthölzern in den Ecken oder mit Metallwinkeln zu einem Kasten verbinden. Dabei besonders auf die Spitzen der abgeschrägten 20-cm-Seitenteile achten, sie müssen gut mit dem darunterliegenden Brett verbunden sein, damit sie beim Hantieren im Kasten nicht ausbrechen. Dazu gegebenenfalls weitere Senkrechte einschrauben.

Bei einem Selbstbau aus alten, wiederverwendeten Materialien stimmen auch die Energiebilanz für die Materialien und die Kosten.

Edel und sehr dauerhaft: Frühbeete können auch gemauert werden. In klassischen Küchengärten sieht man sie oft an ein Gewächshaus mit gemauertem Sockel geschmiegt.

6 Als Deckel fungiert am besten ein altes Holzfenster. Falls du keins hast, lohnt es sich, bei Nachbarn, Freunden oder auf dem Wertstoffhof danach zu fragen. Häufig empfohlene Alternativen, wie mit Folie bespannte Rahmen oder Polycarbonat-Hohlkammerplatten erfüllen zwar den gewünschten Zweck, sind aus Umweltsicht aber keine guten Alternativen. Polycarbonat enthält häufig Bisphenol A (BPA). BPA zählt zu den sogenannten „besorgniserregenden Stoffen". Umweltverbände empfehlen, Polycarbonat so wenig wie möglich zu verwenden.

7 Der Deckel wird mit Scharnieren an der Rahmenkonstruktion befestigt.

8 Lege dir noch eine passende stabile Latte bereit, mit der du den Deckel in angekipptem Zustand aufhalten und auf diese Weise im Frühbeet lüften kannst.

9 Übrigens: Du kannst die Maße auch anpassen und zum Beispiel drei Bretter übereinander verbinden. Dann wird der Kasten höher und du kannst höher wachsende Pflanzen unterbringen und zum Beispiel über den Winter geschützt aufstellen.

Variante: Hochbeet meets Frühbeet

Auch ein Hochbeet kannst du zu einem Frühbeet umwandeln. Wenn du auch das Hochbeet selber baust, sind sogar die Materialien aus einem Guss und wirken nicht zusammengestückelt (was aber auch seinen Reiz haben kann). Außerdem kannst du dann ebenfalls auf nachhaltig produziertes Holz und bei der Planung der Maße auf wenig Verschnitt und damit weniger Abfall achten. Einem fertig gekauften Hochbeet auf diese Weise eine weitere Funktion zu verleihen, geht natürlich auch.

Baue wie beschrieben einen für dein Hochbeet passgenauen Kasten mit Gefälle für ein schräges Dach. So kannst du im Frühjahr deinen Frühbeetkasten auf dein Hochbeet aufsetzen, Pflanzen darin anziehen und mit aufgeklapptem Deckel abhärten. Sind die Pflänzchen kräftig genug für die große weite Welt, nimmst du den Kasten einfach ab und lagerst ihn wettergeschützt (vielleicht kommt er im Herbst noch einmal zum Einsatz, um noch eine Runde Feldsalat auszusäen oder Stecklingen durch den Winter zu helfen?). Theoretisch können die Pflänzchen dann die ganze Saison an Ort und

Stelle bleiben, sofern du sie im Hochbeet anbauen möchtest. So sparst du dir das Umsetzen, gegebenenfalls musst du die Sämlinge aber pikieren. Die Hochbeet-Frühbeet-Kombi vereint aber noch weitere Vorteile – und einen Nachteil:

- Beim klassischen Hochbeetaufbau mit Strauchschnitt und anderem organischen Material im Inneren (zuoberst kommt immer eine Schicht sehr gute Erde) entsteht für ein paar Wochen nach dem Aufsetzen Verrottungswärme.
- Das Vorbereiten und Bestücken ist in bequemer Arbeitshöhe möglich.
- Die Hochbeeterde erwärmt sich im Frühjahr schneller als der Boden auf dem ebenerdigen Beet, da die Sonnenstrahlen nicht nur auf die Oberfläche, sondern auch auf die Seitenwände, besonders natürlich auf die Südwand des Hochbeets, treffen.
- Aber … Das sonst so angesagte Hochbeet bekommt in Sachen Bewässerung Punktabzug. Durch seine exponierte Lage – seine vier Seiten sind Sonne und Wind ausgesetzt – trocknet es schneller aus als ebenerdige Beete. Somit ist hier mehr gießen notwendig, was je nach Konstruktion auch schwierig sein kann: Bei Gitterwänden kann das Wasser außen weglaufen, bei hoher Füllmarke auch oben überlaufen.

Variante: Mistbeet

Noch geschützter, ja richtig kuschlig wird es, wenn du die Wärme der Sonne gezielt mit der Wärme durch Zersetzungsprozesse kombinierst. Der Klassiker fürs Frühbeet ist Pferdemist. Kombiniere also ein Frühbeet mit einem Mistbeet.

So geht's:

1. Hebe den Boden deines Frühbeets ein oder zwei Spaten tief aus.
2. Fülle die Grube halbhoch mit frischem Pferdemist – je tiefer die Grube und je mehr Pferdemist eingefüllt wird, desto größer die Erwärmung.
3. Ist der Mist sehr trocken, leicht anfeuchten.
4. Den Mist festtreten und Erde darauf geben – fertig ist die überdimensionale Wärmflasche, besser bekannt als Mistbeet.

Die Erdschicht über dem Mist ist wichtig, da die Pflanzen keinen direkten Kontakt zum Mist haben dürfen; er wäre viel zu scharf für die feinen Wurzeln.

ZAHLEN & FAKTEN

Die Rotte braucht ein paar Tage, um in Gang zu kommen. Daher das Mistbeet etwa eine Woche vor der geplanten Bestückung aufsetzen und erst prüfen, ob es im Kasten schon kuschlig warm ist.

Wenn du auch noch die rückenschonende Höhe des Hochbeets dazu kombinieren möchtest, solltest du dein Mistbeet nicht zu früh packen, denn die kühle Außenluft kann auf alle Seitenwände des Hochbeets einwirken und arbeitet somit gegen die Verrottungswärme im Inneren. Warte in diesem Fall auf frühlingshafte Temperaturen.

DIE PHYSIK FÜR SICH ARBEITEN LASSEN

Oft braucht es gar keine Geräte, mit Köpfchen und einer Prise Physik lässt sich einiges bewerkstelligen. Besonders altbekannte Prinzipien wie die Schwerkraft und Thermik kann man sinnvoll im Garten nutzen.

Räume lüften

Mit cleverer Platzierung von Fenstern, Türen und gegebenenfalls Öffnungsklappen kannst du Vorratsschuppen, Obstlager, Gewächshäuser, Hühnerställe usw. ohne Ventilatoren lüften. Dabei wirkt das Prinzip: Warme Luft steigt nach oben, kalte Luft sinkt zu Boden. Platziere die Öffnungen an gegenüberliegenden Wänden und in unterschiedlicher Höhe. Kühle Luft strömt beispielsweise ins Gewächshaus hinein, sinkt auf den Boden, erwärmt sich dort und steigt dann auf. Die warme Luft entweicht aus der höher gelegenen Öffnung, aus einem Dachfenster beispielsweise. Kühle Luft strömt automatisch nach und das Prinzip wiederholt sich immerzu. Auf diese Weise wird die Luft gut umgewälzt und viele Krankheitserreger, zum Beispiel Pilzsporen, haben es schwer.

Wichtig: Die Öffnungen sollten unbedingt unterschiedlich hoch platziert werden, damit der Luftaustausch gut funktioniert und es keine Zugluft gibt. Dachfenster außer Reichweite kann man übrigens mit automatischen Dachfensteröffnern versehen. Die öffnen die Luken bei Hitze selbstständig – ganz ohne Strom, dafür mit einem Druckzylinder, dessen Inhalt sich bei Wärme ausdehnt und so das Fenster anhebt.

Räume trocknen

Ein anderes Beispiel, wo Physik die Nase vorn hat vor Geräten: ein feuchter Vorratskeller. Das gilt natürlich nur für moderat feuchte Keller, vor allem unter Schuppen und Nebengebäuden. Wer Feuchtigkeit im Wohnhaus hat, vielleicht noch in Verbindung mit Schimmel oder Hausschwamm, sollte unbedingt einen Fachmann zur Begutachtung holen. Dieses Beispiel gilt für leichte Fälle und soll weit verbreiteten Denkfehlern auf die Schliche kommen. Denn viele neigen dazu, im Winter das Kellerfenster fest zu schließen, da es draußen „so ungemütlich" ist. Im Sommer dagegen reißen sie das Fenster

Ein Regenfass mit Auslauf sollte erhöht aufgestellt werden. Öffnet man den Auslaufhahn, entleert sich das Fass per Schwerkraft, ganz ohne Tauchpumpe.

auf, denn „es ist so schön warm draußen" und damit müsste der Kellerraum doch zu trocknen sein! Wenn das nicht klappt, wird ein Ölradiator oder eine andere elektrische Heizung hineingestellt. Energetisch ein Schuss in den Ofen – und so richtig zielführend ist es auch nicht. Warum?

Warme Luft kann mehr Feuchtigkeit aufnehmen als kalte. Wenn also sommers das Fenster offen steht, strömt warme Luft, die Wasserdampf transportiert, hinein und das Wasser schlägt sich an den kalten Kellerwänden nieder, denn die Luft im Keller ist kälter als die Außentemperatur.

Im Winter ist es anders herum. Im Keller, der unter Bodenniveau liegt, gefriert es nicht und so ist es sehr wahrscheinlich, dass sich die Temperaturunterschiede umkehren: Nun ist es draußen kälter als im Keller. Wer jetzt häufiger das Fenster öffnet und stoßlüftet, macht es richtig! Wieder greift das eben genannte Prinzip: Die wärmere Luft (die jetzt im Keller ist) strömt mitsamt der Feuchtigkeit nach draußen. Kältere, aber vor allem auch trockenere Luft strömt im Gegenzug hinein. Auf diese Weise wird Feuchtigkeit aus dem Keller transportiert.

Wasser umpumpen

Bekanntlich halten Provisorien oft länger als gedacht, und so haben viele Gärtner ein einfaches Fass ohne Auslauf unter ihrem Fallrohr stehen. Dazu muss man ganz klar sagen: Besser ein Fass ohne Auslauf als gar keine Wassertonne! Wenn es aber an die Wasserentnahme geht, muss man das Wasser herausschöpfen, was bei ein, zwei 10-Liter-Kannen kein Problem ist. Wenn man aber durchdringend gießen will oder kurz vor dem Winter das Fass leeren möchte, geht das ganz schön auf die Arme. Falls du dieses Fass erhöht aufgestellt hast, herzlichen Glückwunsch! Dann geht's ab sofort auch anders.

Nimm einen Schlauch mit nicht zu großem Querschnitt – du musst in der Lage sein, den Schlauch mit deinem Daumen fest zu verschließen. Tauche den Schlauch komplett in das Regenfass, bis sämtliche Luft aus dem Schlauch entwichen ist und es aufhört zu blubbern. Halte ein Ende des Schlauchs unter Wasser fest, das andere Schlauchende verschließt du fest mit deinem Daumen und hebst es aus dem Wasser heraus. Sobald sich dieses Ende unter dem Niveau des Schlauchendes im Regenfass befindet (das ist der Grund, warum das Fass erhöht stehen muss: damit du das Schlauchende außerhalb des Fasses tiefer halten kannst), lässt du den Daumen los und das Wasser fließt! Der Clou ist, dass das Wasser das erste Stück entgegen der Schwerkraft über die Wandung des Fasses und dann aus dem Schlauch heraus fließt. Auf diese Weise gelingt auch das Umpumpen von einem Fass in ein anderes.

Tipp: Wem die Methode mit dem Schlauchzuhalten nicht gelingt (es ist nicht ganz einfach), kann den Schlauch auch mit dem Mund ansaugen.

#machsnachhaltig

NOTFALL-HEIZUNG FÜRS GEWÄCHSHAUS

Kennst du das auch? Du überwinterst Pflanzen im Gewächshaus, denen der Schutz des Glashauses eigentlich ausreicht. Du hast die Dahlienknollen schon aus dem Keller geholt und jetzt warten sie eingetopft im Gewächshaus auf ihren Einsatz auf der Terrasse, denn eigentlich dürfte es keinen Frost mehr geben … eigentlich, eigentlich, eigentlich. Und dann sind doch kältere Temperaturen vorausgesagt, als du erwartet hattest. Dann brauchst du keine Elektro-Gewächshausheizung mit 1800 Watt. Dann heißt es einfach, die eine kalte Nacht zu überbrücken und die nächste eventuell auch noch.

Aus Materialien, die jeder Gärtner zu Hause hat, kannst du eine kleine Notfall-Heizung improvisieren, ganz ohne Strom und Gas. Je kleiner der zu beheizende Raum, desto besser funktioniert der Trick. Du brauchst zwei verschieden große Blumentöpfe aus Ton, einige Münzen oder andere flache, kippsichere und nicht brennbare Elemente (Ton- und Keramikscherben gehen auch), eine nicht brennbare,

fest stehende Grundplatte (eine Gehwegplatte oder ein Blumentopfuntersetzer aus Ton), Teelichter und Streichhölzer oder Feuerzeug. Die Größe der Töpfe sollte so gewählt werden, dass der kleinere Topf in den größeren hineinpasst. Die Topfwände sollten sich dabei nicht berühren, sondern es sollte zwischen ihnen ringsherum mindestens 1 cm Luft bleiben.

Und ganz wichtig: Diese „Heizung" erst spät am Abend aufbauen, da ein Teelicht nur etwa vier Stunden brennt. Nach dem Anzünden und Hinausgehen die Tür nicht erneut öffnen, damit die erwärmte Luft nicht nach außen entweicht.

Falls das Gewächshaus einen gepflasterten Weg hat, kannst du die Notfall-Heizung direkt darauf aufbauen.

Wichtig ist: Beim unteren Topf wird das Abzugsloch verschlossen, beim oberen Topf bleibt es offen.

So geht's:

1. Auf einer Beton-Gehwegplatte platzierst du – je nach Größe deiner Tontöpfe – ein bis drei Teelichter und zündest sie an.

2. Lege ringsherum an mehreren Stellen jeweils zwei, drei Münzen übereinander als Abstandshalter auf die Platte, darüber kommt kopfüber der kleinere der beiden Tontöpfe. Die Münzen sorgen dafür, dass Sauerstoff an die Flammen kommt.

3. Mit einer weiteren Münze verdeckst du das Abzugsloch des Tontopfes. Du kannst auch die Alu-Hülse eines verbrauchten Teelichts (Wachsreste vorher entfernen) platt drücken und als Abdeckung nutzen.

4. Platziere wieder eine Runde Münzpaare oder andere Abstandshalter auf der Gehwegplatte und platziere den größeren Topf kopfüber darauf. Sein Abzugsloch bleibt frei.

5. Stelle die Pflanzen relativ dicht an die Notfall-Heizung, aber unbedingt mit so viel Abstand, sodass nichts anbrennen kann. Denn wie bei allen Kerzen und offenem Feuer musst du darauf achten, dass nichts Brennbares in der Nähe ist, im Falle des Gewächshauses insbesondere keine trockenen Blätter und andere Pflanzenteile.

UPCYCLING-IDEE

Für die Notfall-Heizung kannst du auch Kerzenreste zum Beispiel in einer leeren Fisch-Konservendose einschmelzen und das Wachs so wiederverwenden. Auf die Optik kommt es hier ja nicht an.

GARTENGERÄTE-DETOX

Allen technischen Gartengeräten den Rücken zu kehren, wäre zwar im Sinne der Ressourcenschonung hundertprozentig konsequent und sehr bewundernswert, wird aber eine Ausnahmeerscheinung bleiben. Zu sehr haben wir uns an die Hilfe von Maschinen gewöhnt, und zu wenig sind wir die körperlich schwere Arbeit gewöhnt – und gewillt.

Was brauche ich wirklich?

Mal ehrlich: Rasenmäher, Mähroboter, Rasentrimmer, Häcksler, Elektro-Vertikutierer, Akku-Strauch- und Heckenschere, Laubbläser, ja gar Rasentraktor, Motorhacke, Holzspalter und Kettensäge ... Brauche ich das alles? Oder ist es – Hand aufs Herz – reine Technikverliebtheit?

Um das besser beantworten zu können, kannst du ja mal einen Gartentechnik-Fastenmonat einlegen, quasi ein Gartengeräte-Detox-Extrem (mehr zu dieser verwegenen Idee auf Seite 86). Außerdem bringen dich folgende Fragen vielleicht ein wenig weg vom Impuls „brauch ich, brauch ich, brauch ich":

- Was kostet das alles und kann ich mit dem Geld nicht Sinnvolleres oder Schöneres anfangen?
- Habe ich Lust, mich überall in die Bedienung einzufuchsen?
- Will ich das alles pflegen, und muss das Gerät regelmäßig gewartet werden, was einen Transport und Ausgaben erforderlich machen?
- Und möchte ich das alles verstauen müssen?
- Habe ich Alternativen?
- Und vor allem: Ist das Gerät für die ihm angedachte Aufgabe angemessen?

Geräte-Sharing und Kooperativen

Selten, aber doch regelmäßig genutzte Geräte wie Heckenschere oder Häcksler kann man mit einem oder gleich mehreren Nachbarn teilen – ein Vertrauensverhältnis vorausgesetzt. Wer sich richtig gut versteht, kann an der gemeinsamen Gartengrenze ein Gartenhäuschen mit zwei Türen – zu jeder Nachbarseite eine – errichten. So muss man sich nur über die Termine absprechen, nicht aber in den Garten des anderen stapfen. Vorab aber unbedingt über eventuelle Kosten für Wartung und Reparaturen sprechen, damit man weiterhin Lieblingsnachbarn bleibt.

Man kann den Kooperativ-Gedanken ruhig auch noch etwas großräumiger verfolgen. Es gibt zahlreiche Nachbarschaftsnetzwerke, ob im Internet oder per Zettel im Gemeinschaftshausflur. Warum nicht auch auf diesen Kanälen die Gartengeräte-Mitbenutzung anbieten? Und wer selber keine Geräte einbringen kann: Das Tauschen von Know-how oder handwerklichen Talenten gegen eine Geräteausleihe sind ebenso denkbar, ganz nach dem Motto: „Mäh du meinen Rasen, dann helfe ich deinen Kindern bei den Physikhausaufgaben."

Während bis vor wenigen Jahren ein gut ausgestatteter Geräteschuppen der Stolz eines jeden Hobbygärtners und -handwerkers war, findet mittlerweile ein Umdenken statt. Teilen und Zusammenarbeiten ist das neue Besitzen.

Ausleihen

In Baumärkten oder in Fachgeschäften kannst du Gartengeräte ausleihen. Das bietet sich bei selten gebrauchten, wartungs- und pflegebedürftigen Geräten mit relativ leichter Bedienung an, wie Motorsense oder Vertikutierer. Der Vorteil ist, du hast immer ein topgepflegtes, relativ neues Modell inklusive Einweisung vom Fachmann. Tipp: Viele Firmen bieten einen Wochenendtarif an. Von Freitag bis Montag sind die Gebühren meist günstiger als dieselbe Stundenanzahl innerhalb der Woche.

Firmen beauftragen

Für schwere oder schwierige Arbeiten kann man nicht nur die Maschine, sondern auch die Arbeitskraft dazu mieten – angebracht für sehr selten auszuführende Arbeiten, wo einem nicht nur die Technik, sondern auch die Erfahrung fehlt.

Regelmäßigkeit statt Hauruck-Aktionen

„Wehret den Anfängen" heißt ein alter Spruch – und da ist was dran! Wer regelmäßig mit Gartenschere

oder Sichel Brennnesseln abschneidet, während sie jung und weich sind (vielleicht um Brennnesseljauche damit anzusetzen? Seite 119) hat einen Vorteil gegenüber dem Auf-die-lange-Bank-Schieber. Der braucht nach Monaten der Vernachlässigung schon eine Motorsense, um der Wuchskraft Herr zu werden. Dieses etwas extreme Beispiel findet sich im Kleinen in vielen Garten-Alltagssituationen wieder, wetten?

ZAHLEN & FAKTEN

Wenn ich mit nur einem meiner Nachbarn den Deal mache: „Gibst du mir deinen Rasentrimmer, gebe ich dir meinen Vertikutierer", ist die Anzahl dieser beiden Geräte schon mal halbiert. Jetzt stelle man sich mal vor, das würde Schule machen …

#machsnachhaltig

GARTENTECHNIK-
FASTEN

Fasten ist eine gute Möglichkeit, die „gesunden" Dinge, die „richtigen" Dinge für eine kurze Zeit auszuprobieren. Auf Süßigkeiten verzichten, kein Alkohol, sich nicht beklagen und nicht auf andere schimpfen – das sind beliebte Fastenthemen. Fast unmöglich, dieses konsequent und für immer in unseren Alltag zu integrieren, aber ein überschaubarer Zeitraum des Verzichts, als Challenge mit uns selbst, öffnet die Augen. Was brauche ich wirklich und wie viel davon? Jedes Fasten hinterfragt die Routinen des Alltags, macht wieder aufmerksam, entgiftet Körper oder Seele oder beides. Und vor allem: Fasten hallt nach! Nicht selten wird ein Aspekt der Fastenzeit später in den Alltag übernommen, mindestens aber wächst die Sensibilität für das Thema.

Warum dieses Prinzip nicht auch für den Garten anwenden? Versuche einmal zeitweise, vielleicht einen ganzen Monat, auf motorbetriebene Geräte zu verzichten! Was macht das mit dir? Was macht das mit deinem Garten?

Neue Impulse

Wer das Fasten durchhalten will, sucht nach Alternativen. Wie beim Saftfasten: Am dritten Tag beginnt man mit dem Hauch der Verzweiflung das Internet nach neuen Rezepten zu durchsuchen, weil einem die althergebrachten Säfte zu den Ohren herauskommen. Und hier beginnt die Kreativität, die neue Impulse liefert – auch für die Zeit nach dem Fasten.

Frage dich, wie es die Menschen früher gemacht haben. Nicht alles, was auf den ersten Blick primitiv erscheint, ist unserem heutigen Stand der Technik unterlegen. Es hat sich schon so mancher, der sich auf diesen Weg eingelassen hat, in einem Sensenkurs auf der Schwäbischen Alb wiedergefunden und ein neues, glücklich machendes Hobby (mit Mehrwert für seinen Garten) entdeckt.

Handarbeit statt Hochgeschwindigkeit.
Muskelkater statt Motorenlärm.
Achtsamkeit statt Abgase.

Rummatschen, rumalbern und im wahrsten Sinne des Wortes mit dem Garten auf Tuchfühlung gehen: Wer den Garten mit allen Sinnen erlebt, kommt auf neue Ideen.

Entschleunigung versus Energieschleuder

Maschinen wurden (und werden) erfunden, damit sie unsere Arbeit erleichtern und verkürzen. Soweit so gut. Nur wenn dieser völlig verständliche Ansatz irgendwann ins Übermaß kippt, ernten wir Stress durch Lärm, Abgase und hin und wieder durch die nervige Frage: „Warum funktioniert das blöde Ding nicht?". Die Geschwindigkeit, eigentlich ein Pluspunkt der Maschinerie, ist seltsamerweise mitunter ebenfalls Quelle von Stress. Wer schon einmal eine Buchskugel (in Zeiten des Buchsbaumzünslers auch die Eibenkugel) mit einer elektrischen Schere geschnitten hat, weiß vielleicht um die Anspannung, ob man nicht doch versehentlich an einer Stelle zu viel abrasiert. Manuell geht es gemächlicher voran – langsamer, aber kontrollierter! Und es gibt viele, die das ruhige Arbeitstempo als regelrecht meditativ empfinden. Schnelligkeit und Effizienz bestimmen schon das Berufsleben, da darf es in der Freizeit doch ruhig ein Kontrastprogramm geben, oder?

Schnipp, schnapp in fast meditativem Tempo: Wetten, dass es sich gar nicht nach Arbeit anfühlt?

Fallaub sollte im Herbst vom Rasen entfernt werden, damit die Gräser nicht absterben. Wer zum Rechen statt zum Laubsauger greift, hat ein Herz für Tiere.

BENZINER, ELEKTRO- ODER HANDGERÄT

Die typischen Gartengeräte, die es in fast jedem Garten gibt, sind sowohl als Benziner (also mit Verbrennungsmotor) und Elektro- bzw. Akkumodell (mit Elektromotor) erhältlich, und für die allermeisten Aufgaben im Garten gibt es alternative Handgeräte.

Benziner oder Elektro?

Aus ökologischer Sicht schneiden – wie im Verkehrssektor auch – Elektrogeräte besser ab als solche mit Verbrennungsmotoren. Letztere benötigen Benzin, das aus Erdöl hergestellt wird. Bei der Verbrennung des Kraftstoffs entstehen Abgase, über die sich weder unsere Umwelt noch unsere Nase freuen. Und Elektrogeräte sind meist leiser als Benziner.

Allerdings sind Benziner häufig die „Kraftpakete" unter den Gerätschaften und fürs Grobe manchmal unerlässlich. Sie sind vielleicht eher Kandidaten zum Ausleihen (Seite 85), wenn Alltagsgeräte nicht mithalten können. Aber wie im Leben so gilt auch im Garten: Es kommt auf die Art der Herausforderung an.

Mit Kabel oder Akku?

Bei den Elektrogeräten unterscheidet man kabelgebundene und Akkumodelle. Falls die Umstände es zulassen – in erster Linie hängt es vom Vorhandensein einer Steckdose in Reichweite ab –, wäre die kabelgebundene Variante die ökologisch bessere. Allerdings stört bei Geräten mit Kabel möglicherweise genau dieses: Man muss aufpassen, dass man mit Geräten, die irgendetwas ab- oder durchschneiden sollen, nicht eben jenes Kabel mit durchtrennt – Stichwort Rasenmäher oder Heckenschere. Aus diesem Grund liebäugeln viele mit einem Akkuantrieb. Ein weiteres Argument ist oftmals ein geringeres Gewicht.

Also sind Akkugeräte das Nonplusultra? Es gibt auch Schattenseiten: Für die Produktion des Akkus an sich wird Energie benötigt. Außerdem gibt es beim Laden Energieverluste, salopp gesagt steckt man mehr Energie in den Akku beim Laden hinein, als man hinterher beim Mähen und Co. abrufen kann. Ein kabelgebundenes Elektrogerät kann – ohne den Umweg der Energiespeicherung im Akku – dieselbe Energie effizienter nutzen. Weiterhin kann der Akku – vor allem bei schlechter Pflege, zum Beispiel wenn er bei Minusgraden draußen im Schuppen gelagert wird – an Kapazität verlieren, sprich die Nutzungsdauer wird immer kürzer. So kann es nach einigen Jahren nötig sein, Ersatz zu kaufen. Ein neuer Akku ist meist recht teuer; das sollte man vor dem Kauf einkalkulieren. So ist der Vorteil dieser Geräte zugleich ihre Schwachstelle: der Akku.

Mit Akku-Strauchscheren lassen sich kleinere Formschnitte gut bewerkstelligen. Zwischendurch immer mal wieder zurücktreten, um die Form zu begutachten.

Ein oder mehrere Akkus?

Wer sich mehrere Akkugeräte anschaffen will, sollte überlegen, sie von ein und demselben Hersteller zu beziehen. Es gibt Firmen, die ihre Geräte mit dem gleichen Akkumodell ausstatten, sodass theoretisch nur ein einziger Akku für Heckenschere, Rasentrimmer und Hochdruckreiniger gekauft werden muss. Das spart direkt Anschaffungskosten sowie indirekt Produktions- und Recyclingkosten. In der Praxis wird oftmals empfohlen, sich dennoch zwei Akkus zuzulegen, damit man einen zweiten verwenden kann, während der erste auflädt. Allerdings wäre es im Sinne der Umwelt besser, die Akkuproduktion auf ein Minimum zu reduzieren. Und die Akkulaufzeiten sind heutzutage auch recht ordentlich, sodass, wenn der Akku schlapp macht, meist sowieso Zeit für eine Kaffeepause ist. Und wem dann noch nicht der Sinn nach Kaffee steht, kann im Sinne des Elektrogeräte-Detox (Seite 84) die unfreiwilligen Pausen auch einfach dazu nutzen, derweil zu einer hundertprozentig motorfreien Gartenarbeit überzugehen und ganz nebenbei den Gartentierchen eine Fluchtmöglichkeit zu bieten. Denn die Natur freut sich über

Solch eine nostalgische Szene kreieren nur Handgeräte. Interessanterweise sind hier die wenigsten wirklich alt – auch neue hochwertige Handgeräte haben also das gewisse Etwas.

Muskel-schmalz statt **Elektro-Gadget!**

Arbeitsunterbrechungen, da dann kleine Krabbeltierchen und Flugkünstler die Möglichkeit haben, auf bereits bearbeitete Areale zu wechseln – natürlich unbewusst und zufällig, aber dennoch erhöht es die Zahl der „Überlebenden".

Umweltfreundliche Handgeräte

Um herauszufinden, ob es für dich denkbar wäre, aus dem Wettrüsten mit dem Nachbarn auszusteigen und auf handbetriebene Geräte umzusteigen, kannst du einmal das Gartentechnik-Fasten (Seite 86) ausprobieren. Ein weiterer interessanter Gedankenanstoß ist, sich zu vergegenwärtigen, wie es Gartenkünstler und Bauern vor 100 oder 150 Jahren gemacht haben. Dann kommt man zum Beispiel darauf, dass Buchs und Eibe nicht mit der elektrischen Strauchschere in Form geschnitten wurden, sondern mit der Schafschere oder einer – nomen est omen – Buchsbaumschere, einer Handschere mit überraschend langen Klingen. Und plötzlich merkt man, dass damit viel präzisere Schnitte und feinere Konturen möglich sind. Das lässt eine ganz andere Sinnlichkeit beim „Schnippschnapp" (schon das Geräusch ist schön!) erfahren als das Vibrieren der Akkuschere in den Händen. Und die Hersteller haben in den eben erwähnten 100 Jahren auch nicht geschlafen, sondern Innovationen bei Ergonomie und Kraftübertragung entwickelt.

Handgeräte verbrauchen keine fossilen Brennstoffe, sie verbrennen höchstens Kalorien, weil sie mehr Ausdauer oder Muskelkraft (oder beides) benötigen als ihre motorbetriebenen Kollegen. Meistens sind sie günstiger in der Anschaffung und wartungsärmer oder gar wartungsfrei. Qualitätshandgeräte sind von Abputzen und ein wenig Einölen im Herbst abgesehen recht pflegeleicht und in ihrer Bedienung überschaubar. Auch das Reparie-

ZAHLEN & FAKTEN

Eine Stunde Laub per Hand mit dem Rechen zusammenharken verbraucht mindestens 250 kcal. Das entspricht in etwa der Kalorienanzahl von zwei Schokoriegeln der einschlägigen „Ungesund-aber-das-muss-jetzt-mal-sein-Sorten".

nicht für alle Tätigkeiten im Freien passend: Eine halbe Stunde Holzhacken mit der Axt ist sicher gut, um mal Dampf abzulassen, seinen gesamten Wintervorrat an Kaminholz möchte heute aber niemand mehr so produzieren müssen. Da kommt ein Holzspalter zum Einsatz – und das ist auch völlig legitim. Es geht ja darum, Energie sinnvoll punktuell einzusetzen und stattdessen die „Technikspielereien" zu identifizieren und zu minimieren.

ren und Einbauen von Ersatzteilen ist für den Laien eher machbar als das Beheben von Fehlern in einer Elektronik.

Das Arbeiten mit Handgeräten kommt einer Entschleunigung gleich und ermöglicht ein feineres Arbeiten. Handgeräte sind im Vergleich zu motorisierten Geräten auch freundlicher zur Tier- und Menschenwelt, die mit uns das Fleckchen Erde teilen, schon allein, was die Lärm- und Abgasbelastung anbelangt, aber auch unmittelbar. Am deutlichsten ist das beim Laubbläser ersichtlich: Man kann sich vorstellen, bei welcher Variante es den Insekten und anderen Mini-Lebewesen am Boden massiver an den Kragen geht – beim mit 250 bis 300 km/h agierenden Laubbläser oder beim gemütlichen Zusammenharken mit Rechen oder Besen. Und wetten, welche Variante deinem Nachbarn im Liegestuhl die liebere ist?

Manchmal scheiden Handgeräte allerdings aufgrund der zu bearbeitenden Fläche oder besser gesagt der fehlenden Muskelkraft und Ausdauer von uns Gärtnern leider aus. Aber jeder Handgriff, der tatsächlich von Hand gemacht wird, schafft eine große Zufriedenheit, häufig sogar gepaart mit einer gehörigen Portion Fitness. Natürlich ist die Herangehensweise „Handgerät statt Motorgerät"

Diese alte Walze benutzt wahrscheinlich niemand mehr. Sie dient aber Jahrzehnte nach ihrer aktiven Zeit noch als Deko-Element – das sollen Mähroboter, Häcksler und Laubsauger erstmal nachmachen!

FEATURE

RASEN VERSUS WIESE

Was möchtest du? Zweimal im Jahr sensen, zwanzigmal den Rasenmäher anschmeißen oder jede Nacht den Mähroboter durchs geöffnete Schlafzimmerfenster surren hören? Und was möchte die Natur?

Ein sattgrüner, wohlgenährter Rasenteppich ist ein höchst naturferner Ort. Ohne häufiges Mähen, Unkrautausstechen, Wässern und Düngen wäre er nicht das, was er ist.

Der Gegenentwurf dazu ist eine Wiese. Sie ist sehr viel artenreicher an Pflanzen, was wiederum auch eine höhere Artenvielfalt an Tieren nach sich zieht, weil mehr von ihnen hier satt werden und Kinderstuben sowie Lebensräume finden.

Aus Rasen wird Wiese …

Eine Wiese ist mehr als ein Rasen, den man über die Urlaubszeit vernachlässigt und einfach hat wachsen lassen. Ein Rasen, den man nicht mehr mäht, kann zu einer Wiese werden – das ist richtig. Jedoch ist der klassische Rasenstandort zunächst zu nährstoffreich für eine bunte Blumenwiese – Düngen oder Mulchmähen sei Dank. Interessanterweise sind die buntesten Wiesenblüher nämlich schmale Kost gewöhnt; an nährstoffreichen Orten haben die Gräser einen Standortvorteil und überwachsen zart aufkeimende Kräuter sofort.

Nach dem Zufallsprinzip

Ein erster, aber wichtiger Schritt ist, die Wiese in spe nur noch wenige Male im Jahr zu mähen. Ganz wichtig ist, das Mahdgut danach von der Fläche zu nehmen, um dem Standort Nährstoffe zu entziehen und ihn so nach und nach abzumagern. Die Düngung muss aus diesem Grund auch unbedingt entfallen! Tipp: Das Mahdgut kann bei entsprechender Länge für eine „Mulchwurst" genützt werden (Seite 52).

Die Vorteile dieser Methode sind der vergleichsweise geringe Arbeitsaufwand und geringe Kosten – denn man lässt ja die Natur machen. Außerdem bleiben durch die selteneren Mähintervalle die Rasengräser länger, sie beschatten den Boden und schützen somit besser die Feuchtigkeit im Boden. Die Fläche verbrennt an heißen Sommertagen nicht so schnell.

Gesenst wird am besten am frühen Morgen: Dann sind die Gräser noch taufeucht und die Sense gleitet leichter durch die Halme.

Da die Natur in diesem Falle die Regie im Umwandlungsprozess übernimmt, werden sich je nach Standortvoraussetzungen möglicherweise zuerst Gänseblümchen, Löwenzahn, Wiesen-Schaumkraut, eventuell auch Weiß-Klee, Spitz- und Breit-Wegerich zeigen. Sie erscheinen im Zuge der natürlichen Sukzession in deiner Wiese: durch die Diasporenbank des Bodens, den Wind oder durch die Verbreitung von Tieren (Seite 14). Je nährstoffärmer der Standort durch das Abtransportieren des Mahdguts wird, desto blütenreichere Arten werden sich auf der Fläche zeigen. Freue dich – zusammen mit den Insekten – auf Natternkopf, Wilde Möhre, Wiesen-Flockenblume, Schafgarbe und weitere Überraschungsblüher. Hat dein Nachbar bereits eine blühende Wiese, hast du gute Chancen, dass herangewehte Samen bei dir keimen.

Ungeduldige können auch versuchen, mit einer sogenannten Initialpflanzung dem Glück auf die Sprünge zu helfen: Dabei wird eine Fläche, nicht kleiner als einen Quadratmeter, von Bewuchs befreit und mit kräftigen Exemplaren von Schafgarbe oder vom romantischen Wiesenliebling Wiesen-Margerite bepflanzt. Wenn es ihnen gefällt, breiten sie sich aus.

Ein weiterer Pluspunkt dieser Selfmade-Wiese ist, dass sie sich hat allein etablieren dürfen und sich im Vergleich zu einer ausgesäten Blumenwiesenmischung eher stabil präsentiert. Denn es haben sich nur Pflanzen angesiedelt, die den Standort mögen. Zufällig herangewehter Samen von Arten, denen der Ort zu trocken, zu nass, zu sonnig oder zu schattig ist, keimt entweder gar nicht erst oder die Sämlinge verkümmern und sterben, bevor sie sich weitervermehren konnten. Pflanzen am richtigen Standort jedoch blühen, werden bestäubt und bilden Samen. Und falls die Bedingungen weiterhin stimmen, gibt es im nächsten Jahr eine neue, eventuell sogar größere Population. Die Wiese wird immer schöner.

Alles auf Anfang

Kosten-, zeit- und arbeitsintensiver, aber auch zielgerichteter ist die Variante, die einem kompletten Neuanfang gleicht. Dazu muss die vorhandene Rasennarbe abgeschält und der Boden passend

Für manch einen gehört der Rasen nun einmal zum Garten-traum dazu. Ein Kompromiss wäre, einen kleinen Bereich als Rasen, einen anderen als Wiese zu gestalten. So haben alle etwas davon: Der Mensch schwelgt auf dem grünen Teppich; die Natur deckt ihren Tisch für Insekten auf der Wiese.

zum gewählten Wiesentyp vorbereitet, eventuell sogar partiell ausgetauscht werden. Ein enormer Eingriff – für die Tierwelt und auch für dein Porte-monnaie. Danach säst du eine Blumenwiesenmi-schung ein. Wichtig ist hier, regionales Qualitäts-saatgut aus überwiegend mehrjährigen, einhei-mischen Pflanzen zu kaufen und keine „Billighei-mer"-Mischung mit hohen Anteilen an einjährigem Klatsch-Mohn und Kornblume, die so im nächsten Jahr garantiert nicht wieder auftauchen. Dafür ist der Aufwand zu groß, als dass man auf den letzten Metern schludern sollte.

Und im Jahr der Aussaat bitte nicht traurig sein: Erst sieht die Fläche ziemlich traurig aus. Aber was lange währt …

Die Wiese pflegen

Das Schneiden einer Wiese gelingt nicht mit einem Rasenmäher, höchstens mit einem ausgewiese-nen Wiesenmäher oder einer Motorsense – beides sind stinkende, laute Benzin-Ungetüme. Nachhal-tige Gärtner schneiden mit einer Sense per Hand. Sehr kleine Flächen bekommt man auch mit der Sichel kurz, das geht aber schon mal auf den Rü-cken. Das Schnittgut lässt man zunächst auf der Fläche trocknen, damit Samen ausfallen können, und harkt es dann unbedingt ab.

Bei der Wahl des Zeitpunkts gibt es keine univer-selle Regel. Meist werden Blumenwiesen zwei- oder maximal dreimal im Jahr gemäht. Das erste Mal

kurz nach der schönsten Blüte: Dann können sich die Pflanzen aussamen. Das letzte Mal im Herbst, schlicht um einen Großteil der Biomasse zu ent-fernen und ein Verrotten auf der Fläche (und damit einen Nährstoffeintrag) zu verhindern.

Wenn es partout Rasen sein soll …

- Der aus ökologischer Sicht weitaus beste Mäher ist der handbetriebene Spindel-mäher. Auf den Plätzen zwei bis vier rangieren: kabelgebundener Elektromäher, Akkumäher, Benziner.

- Auf einen dauermähenden Roboter sollte man möglichst verzichten. Insekten kön-nen in der grünen Ödnis, die er hinterlässt, kaum existieren. Vögel, die daraufhin keine Nahrung mehr finden, verabschieden sich aus deinem Garten. Ein verirrter Igel (der wegen Nahrungsmangel auch eher ab-wandert) könnte verletzt werden. Und das Schnittbild ist vielen nachhaltigen Gärt-nern sowieso zu künstlich. Das Geld für Anschaffung und Verlegung der Führungs-drähte kannst du schöner investieren.

- Aufsitzmäher bzw. Rasentraktoren sind nur bei parkähnlichen Flächen nötig.

- Die Rasenfläche möglichst gestaffelt und von einer Seite zur anderen (nicht von außen nach innen) mähen, damit Tiere Fluchtmöglichkeiten haben.

Der Spindelmäher gilt unter Kennern als der Rasenmäher, der das gleichmäßigste Schnittbild hinterlässt.

- Mulchmähen, also das Nutzen eines Mähers, der den Rasenschnitt fein zerhäckselt an Ort und Stelle wieder auswirft, ist besser als den Rasenschnitt abzutransportieren (womöglich noch inklusive Entsorgung in der Biotonne) und ausgleichend Dünger auf die Fläche zu bringen.
- Aber nicht zu dick mulchen (das passiert, wenn das Gras zu hoch ist und eine Unmenge an Rasenschnitt auf einmal ergibt). Dann drohen zarte Pflänzchen unter der Schicht zu ersticken und Pilzkrankheiten.
- Der Natur zuliebe so wenig wie möglich gießen: Wenn es nötig ist, besser einmal durchdringend mit gesammeltem Regenwasser gießen, als jeden Tag ein bisschen zu sprengen.
- Im Sommer wegen Hitze und Trockenheit seltener mähen und die Gräser etwas länger lassen (etwa 7 cm), damit der Boden beschattet wird.

Traditionsgerät: Spindelmäher

Spindelmäher funktionieren seit fast 200 Jahren selbsterklärend: loslaufen und mähen! Ganz ohne Motor und Abgase drehen sich die Messer an einer Spindel und schneiden das Gras, indem sie es an eine Gegenklinge drücken. Es gibt zwar auch Grasfangkörbe als Zubehör, klassischerweise wird mit dem Spindelmäher aber so oft gemäht, dass der superkurze Grasschnitt auf der Fläche als Mulch liegen bleiben kann und bei der Zersetzung wieder Nährstoffe an die Rasengräser freigibt.

SPINDELMÄHER VORTEILE:

- ohne Benzin- oder Elektromotor
- unabhängig von Außensteckdose oder Akkulaufzeit
- keine Abgase
- kein Lärm, so geräuscharm, dass er auch zu den Ruhezeiten benutzt werden kann
- kaum Wartung, nur Messer schärfen oder austauschen lassen

NACHTEILE:

- mit Muskelkraft schieben, kaum für hügeliges Gelände geeignet
- Arbeitszeit: Es muss oft gemäht werden
- Rasen wird sehr kurz gehalten, Insekten finden kaum Nahrung und Unterschlupf, werden durch das häufige Mähen gestört und teilweise getötet

ENERGIE SPAREN: WEITER GEDACHT

Manchmal muss man um die Ecke denken, um weitere Energiefresser auszumachen. Vor allem die Fahrten und Transportwege, die Produktion und am Ende der Nutzungsdauer auch die Entsorgung sollte der nachhaltige Gärtner mit bedenken. Und auch seine eigene Energie braucht er nicht unter den Scheffel stellen. So glücklich Gartenarbeit auch macht, noch glücklicher macht sinnvoll eingesetzte Gartenarbeit.

DIE ENERGIE DES GÄRTNERS

Betrachtet man die Energiesparpotenziale im Garten, muss man sich auch die eigene Energie anschauen. Denn wie schon eingangs beleuchtet, bedeutet die Entscheidung gegen ein technisches Gerät häufig, dass es der Gartenbesitzer schwerer hat: mit dem Spaten umgraben statt Motorfräse, den Spindelmäher per Hand schieben statt Mähroboter, Schere statt Akkutrimmer. Es geht also darum, ganz im Sinne der Definition von Energie – „Arbeit mal Zeit" (Seite 60) – clevere Ideen zu finden, die Arbeitszeit, Aufwand und Kraftbelastung reduzieren, wo immer möglich.

Köpfchen statt Muskelschmalz

Manchmal kann man mehrere Arbeitsschritte, die standardmäßig einzeln hintereinander vorgenommen werden, in einer Aktion zusammenfassen. Ein Beispiel: „Normalerweise" werden Gemüseabfälle, Stauden- und Grasschnitt zur Kompostierung in die Kompostmiete gebracht – Aktion Numero 1 – und Monate später als Komposterde aufs Gemüsebeet retour gekarrt – Aktion Numero 2, manchmal wird das Sieben der Komposterde noch als weiterer Schritt dazwischengeschaltet. Lässt man aber die komposttauglichen Abfälle gleich aufs Beet plumpsen und an Ort und Stelle verrotten, spart man sich eine Tätigkeit. Voilà, das ist Flächenkompost (mehr dazu auf Seite 51). Augenmerk sollte man besonders auf die Biomasse legen, die in räumlicher Nähe zu eben jenem Beet anfällt: Beispielsweise kann man unschöne Blätter und Wurzeln vom Gemüse statt erst in der Küche gleich vor Ort beim Ernten wegschneiden und liegen lassen. Selbst wenn noch weiteres Gemüse im Beet wächst, kann damit zunächst der Raum zwischen den Pflanzen bedeckt werden.

Für viele Aufgaben im Garten gibt es mehrere Ansätze. Nimm es sportlich und versuche, immer die für dich energiesparendste Lösung zu finden. Nicht nur dein Rücken wird es dir danken.

- lieber fahren (mit der Schub- oder Sackkarre) oder ziehen (auf Planen oder festen Stoffbahnen) statt tragen
- lieber im Stehen auf Tischen arbeiten statt in der Hocke auf dem Boden (zum Beispiel Anzuchtkästen pikieren, umtopfen)
- lieber zwei halb gefüllte Wassereimer links und rechts tragen, statt einen vollen Eimer einseitig

In die Rubrik „Köpfchen statt Muskelschmalz" fällt auch die geschickte Planung der „Wirtschaftsknotenpunkte" eines Gartens: Wo liegen Geräteschuppen, Kompostplatz und Umtopftisch? Wie gelange ich auf möglichst kurzem Weg und trockenen Fußes dorthin? Und habe ich dort genügend Platz zum Rangieren und Arbeiten?

GARTENARBEIT VER-
LANGT EINEM ENERGIE
AB – POSITIVE UND
NEGATIVE!

Traditionen infrage stellen

Manche Gartenphilosophien verzichten auf das jährliche Umgraben und lockern den Boden stattdessen mit dem Sauzahn. Früher galt das Umgraben als heilige Gartenpflicht, die einmal im Jahr ein Muss war; heute weiß man: Das kann dem Boden sogar schaden. Jeder Mikroorganismus, jeder Wurm, jede Insektenlarve findet sich in einer bestimmten Schicht im Boden, je nach Temperatur, Feuchtigkeits- und vor allem Sauerstoffgehalt. Bringt man beim Umgraben oder Pflügen das Untere zuoberst und die Oberfläche nach unten, purzelt alles gewaltig durcheinander. Im besten Fall bewegen sich die Organismen in ihre Zone zurück. Aber es dauert eine Weile, bis sie ihre Aufgaben im Gartenleben wieder erfüllen. Viele Organismen sterben aber dadurch auch ab und es muss sich erst wieder eine stabile Population bilden bzw. zuwandern. Das bedeutet viel Aufregung im Erdreich – ein ganz schön hoher Preis für ein bisschen gelockerte Erde, stimmt's?

Mit einem Sauzahn werden die meisten Bodenarten genauso locker krümelig, jedoch mit dem Vorteil, dass die Bodenschichten weitgehend intakt bleiben: dazu den Zinken erst in die eine Richtung durch den Boden ziehen, dann rechtwinklig dazu. Eine weitere Alternative zum Umgraben, gern auch als Ergänzung zum Sauzahn, sind regelmäßige Gründüngerkuren mit Tiefwurzlern.

Jeder Baustein hat einen Sinn

Wie bereits zu Beginn des Buches dargelegt, ist das Ziel eines nachhaltigen Gartens, kleinräumige Systeme zu schaffen, wo alles einen Nutzen und einen Platz hat: Nichts kommt von außen hinzu, nichts fließt weg; es werden überwiegend die Ressourcen vor Ort genutzt (Seite 12). Je eigenständiger dieser Kreislauf abläuft, desto weniger Arbeit hat der Gärtner. Ein Beispiel: Ich lasse das Herbstlaub unter den Bäumen verrotten. Das bedeutet, ich muss es weder zusammenharken noch auf die Schubkarre laden oder zum Kompost fahren, dort ausladen und nach ein paar Monaten Komposterde zum Düngen der Sträucher zurückkarren.

Wie exzessiv jeder dieses Prinzip betreiben möchte, ob überall auf dem Grundstück oder ob man im Vorgarten „für die Leute" andere Maßstäbe bei der Ästhetik ansetzt und dort doch mehr Arbeitszeit investiert, bleibt natürlich jedem selbst überlassen.

Und nicht zu vergessen: Das Harken und Schippen, Karren und Zupfen macht auch Spaß. Es kommt wie immer auf die Balance an.

Immer etwas in die Hand nehmen

Dieser alte Wahlspruch der Kellner und Kellnerinnen bedeutet: Niemals leer gehen, sondern auch auf dem Rückweg irgendetwas abräumen, wegräumen, aufräumen. Auf großen Grundstücken setzt, quasi aus der Ermüdung heraus, diesbezüglich sehr früh ein Automatismus ein. Aber auch bei kleinen Grundstücken umweht einen bei dieser Vorgehensweise der Hauch der Effizienz. Irgendetwas gibt es schließlich immer zu transportieren: in den Schuppen, zum Umtopftisch, in den Vorgarten ...

Lang- statt kurzfristig

Lässt sich eine kurzfristige Lösung durch eine (nachhaltige) langfristige Lösung ersetzen? Meist

Zwei Durchgänge mit dem Sauzahn – einmal quer, einmal längs – sind besser als einmal umgraben.

Ob uralter Handwagen, selbst gebauter Trolley oder einfach die Schubkarre: Irgendwas muss immer transportiert werden, besser man ist vorbereitet.

ist die Umsetzung der langfristigen Lösung einmal zeitaufwendig, eventuell auch in Kombination mit mehreren Nachbearbeitungen, aber auf die Dauer ist diese Variante häufig die bessere, da sie beständiger ist. Nach ein paar Jahren lautet häufig die Bilanz: Jawoll, weniger Arbeitsaufwand!

Ein Beispiel: Du hast eine Beetfläche, auf der wuchert üppig Unkraut, das du regelmäßig jätest. Immer wieder werden schnellkeimende Samen sogenannter Erstbesiedler darauf geweht und treiben in Windeseile aus – ein Teufelskreis und in gewisser Weise Energieverschwendung. Und da wir wissen, dass diese Kräuter offene Böden, Sonne und Konkurrenzlosigkeit lieben, ist hier der Anknüpfungspunkt. Wenn du zum Standort hervorragend passende Bodendecker anpflanzt, diese in ihrer An-

wachsphase sehr gut pflegst, damit sie optimale Startbedingungen haben, ist die Chance sehr hoch, dass sie langfristig dein Problem verkleinern. Und die paar Unkräuter, die sich trotzdem durchsetzen, kannst du in einer halben Stunde rauszupfen, während du deinen Lieblingspodcast hörst. Übrigens haben Bodendecker noch weitere Vorteile, wie du auf Seite 46 erfährst.

FEATURE

SICH DIE ARBEIT LEICHTER MACHEN

Synergien erkennen

Beim sogenannten Milpa-Beet, auch Maya-Beet oder „die drei Schwestern" genannt, wachsen drei Gemüsepflanzen einträchtig auf einem Beet. Jede schenkt jeder etwas: Mais bietet eine Rankhilfe, die die Stangenbohnen dankend annehmen, im Gegenzug sammeln diese mithilfe von Knöllchenbakterien Stickstoff aus der Luft und geben ihn an den Boden ab. Kürbis wächst als lebender Mulch zu ihren Füßen, unterdrückt Unkraut und mindert die Verdunstung.

Die Natur arbeiten lassen

Statt chemischer Keule, ja, auch statt Unmengen an selbst gemachter Pflanzenjauche (Seite 119) lieber den Garten so gestalten, dass sich möglichst viel selbst reguliert: Nützlinge fördern und standortgerechte Pflanzen wählen (Seite 54). Außerdem kannst du deine Beete unter Beachtung der Mischkultur und Fruchtfolge – also den Anbau unter Einbeziehung von sich gegenseitig stärkenden und hemmenden Pflanzenpartnern sowohl räumlich nebeneinander als auch zeitlich nacheinander – planen.

Weniger Arbeit, mehr Nutzen

Strauchschnitt muss nicht geschreddert werden! Zu einer Benjeshecke aufgeschichtet, finden Singvögel, Insekten und auch der Igel Unterschlupf darin. Die Benjeshecke ist keine Hecke im eigentlichen Sinne, sondern eher ein wohlgeordneter Totholzhaufen: Schlage Pfähle (starke Äste oder Armierungsstäbe) zweireihig in den Boden, dazwischen wird das Strauchwerk eingeschichtet. Das Ganze muss gar nicht schnurgerade verlaufen, auch sanfte Bögen sind möglich – je nach Dicke der eingeschichteten Zweige. Bei geradem Verlauf kannst du starke Äste, ja ganze Stämme darin loswerden. Aus „Oh-Gott-wohin-mit-dem-ganzen-Zeug" wird ein ökologisches Kleinod! Alternativ kann Strauchschnitt als unterste Füllung im Hügel- oder Hochbeet verschwinden.

FEATURE

WENIGER FAHRTEN, WENIGER SPRIT

„Mal eben zum Gartencenter fahren" ist fast schon zum Hobby geworden. Wer auf ganzer Linie nachhaltig handeln möchte, hinterfragt mögliche eigene „Irrfahrten" und schaut kritisch auf die Produkte, die er in seinen Garten holt: Wie viele Kilometer haben die so auf dem Buckel? Denn jede Fahrt verbraucht Kraftstoff und damit fossile Energie und produziert Abgase.

Ab ins Auto …

Autofahren gehört zu unserem modernen Alltag und es soll nicht verteufelt, aber nach Möglichkeit auf ein sinnvolles Maß reduziert werden. Was ist ein sinnvolles Maß?

Hier lohnt es sich, über Kosten und Nutzen nachzudenken. Wobei mit „Kosten" nicht nur das liebe Geld gemeint ist, sondern auch die Kosten für die Umwelt; und „Nutzen" nicht nur den messbaren Erfolg meint. Auch Freude und Erholung müssen als Gründe gelten dürfen. Aber die kleinen alltäglichen „Reisen" aus Langeweile läppern sich. Wenn man zum Beispiel alle drei Wochen ins 15 km entfernte Gartencenter „nur mal gucken" fährt, ist das aufs Jahr gerechnet schon die Strecke, die der Berliner bis zur Ostsee braucht. Bringt einem das so viel Freude? Schließlich kostet es auch Geld und Lebenszeit. Letztere ist manchmal scheinbar vergnüglich verbracht zwischen Kräutertöpfen und Terrakotta-Putten – rückblickend betrachtet aber allzu oft auch verplempert, wenn man ehrlich ist. Und noch kurz zum Stichwort Geld: Hier darf man nicht nur die Benzinkosten vor Augen haben, auch der Verschleiß am Fahrzeug und die KFZ-Versicherung, die sich an der jährlichen Fahrleistung orientiert, spielen hier mit hinein. Aber das nur am Rande.

Statt mehrmals für „ein bisschen Gucken" und ein, zwei Verlegenheits-Töpfchen mit dem Auto zum Gartencenter zu fahren, ist es aus Umweltsicht besser, einmal einen größeren Einkauf zu planen. Zeitersparnis gibt's bei dieser Methode als Zugabe!

Alternativen auf zwei oder vier Rädern

Wer partout „bloß mal gucken" will, kann vielleicht auch Bus und Bahn nehmen. Positiver Nebeneffekt: Die Spontankäufe halten sich in Grenzen. Man kann nur so viel kaufen, wie man tragen kann! Und die paar Pflanzen sind dann zu Hause auch schnell untergebracht und es ufert nicht in einer abendfüllenden Pflanzaktion aus, die so niemand eingeplant hatte.

Wer gar aufs Rad steigt, verpulvert nur seine eigene (überschüssige?) Energie, betätigt sich sportlich und kann trotzdem den neu erworbenen Muskateller-Salbei im Fahrradkörbchen nach Hause chauffieren.

Mit Plan

Nichts ist befriedigender, als wenn man mit einer gut durchdachten Einkaufsliste in die Gärtnerei fährt und mit einem Kofferraum voller gesunder Pflanzen zurückkommt, die wirklich zum Gärtner und zum Garten passen. Am besten notiert man mehrere Pflanzenalternativen, denn nicht immer ist alles vorrätig. Gute Gärtnereien beraten einen hinsichtlich Ersatzpflanzen und sie besorgen einem häufig auch genau das, was man haben will. Auf diese Weise hat der wohnortnahe Händler ein gutes Geschäft gemacht und die Region bleibt hoffentlich weiter so interessant und vielseitig mit Einzelhändlern bestückt. Vorteil des Vor-Ort-Kaufs ist auch, dass man Größe und Qualität der Pflanzen genau in Augenschein nehmen kann.

Wer besondere Pflanzenwünsche hat, wird bei spezialisierten Internetversendern fündig. Aber auch hier sollte man die Logistik im Hinterkopf behalten und zum Beispiel die Einkäufe konsequent in einer Bestellung bündeln. Wer bevorzugt dort bestellt, wo auf klimaneutrale Versendung und umweltschonende Verpackung (zum Beispiel mit Heu statt Noppenfolie) geachtet wird, leistet einen Beitrag zum Umweltschutz und stärkt aktiv Händler mit dieser Ausrichtung.

Wege sparen

Alle Wege führen nach Rom, aber nicht alle Wege eines Gärtners führen zur Gärtnerei. Auch Fahrten zum Grünschnittplatz der Gemeinde, zum Kompostwerk etc. stehen ab und zu an, könnte man sich aber häufig sparen. Denn jede Ressource, die aus dem Garten entfernt wird, fehlt im Kreislauf (Ausführliches dazu auf Seite 13). Viele dieser Fahrten sind also unnütz, für den Garten oftmals sogar kontraproduktiv, sie kosten Kraft, Zeit und Geld. Wandeln wir die natürlichen Rohstoffe doch im Garten in etwas Nützliches um! Wenn wir statt der Fahrt zum Entsorger den Gehölzschnitt zum Beispiel zu einer Benjeshecke aufschichten (Seite 103) oder in gehäckselter Form auf Wege streuen oder kompostieren, freuen sich die Umwelt, der Geldbeutel und der Garten.

Highlight statt Einerlei

Jedes Gärtnerherz lechzt nach Anregungen zu neuen Pflanzentrends, Gartenmöbeln und innovativen Technologien; auch das Schwelgen in Blumen und Blüten aus purem Vergnügen heraus liegt tief in der Seele des Gärtners verankert. Und das soll sich auch niemand madig machen lassen. Aber vielleicht ist es reizvoller, an wenigen Terminen im Jahr auf eine große Gartenmesse zu gehen, als jedes Wochenende denselben Gartenmarkt mit den immergleichen Mainstream-Angeboten zu besuchen? Und außerdem, überlege mal so rum: Die Zeit, die du dadurch sparst, kannst du im Garten verbringen!

Ja, wo kommst du denn her?

Was für eigene Autofahrten gilt, ist auch für Lieferungen von Baumaterialien, Internetsendungen, ja, auf alle Waren, die wir kaufen, allgemein zutref-

Mit der richtigen Vorbereitung kann man auch auf dem Rad erstaunliche Mengen an Grünem und Blühendem transportieren.

fend. Einen Dauerplatz auf des Gärtners Einkaufsliste haben Pflanzen und Samen, Töpfe, Aussaatschalen, Pflanzsubstrate, Gießkannen, Gartenschläuche und Zubehör sowie Gartendeko. Energie, die beim Herstellungsprozess benötigt wird (das beginnt schon beim Bereitstellen der Rohstoffe), sowie der Energiebedarf durch Transport, Lagerung und später auch bei der Entsorgung wird „graue Energie" genannt. Logisch: Je ferner der Herkunftsort deines Artikels bzw. seiner Bestandteile, desto mehr graue Energie hat er auf dem Buckel. Auf manchen Produkten ist der typische „Made in …"-Hinweis leicht zu finden und mag ein Anhaltspunkt zur Einschätzung dieses „unsichtba-

ren", für den Verbraucher schwer zu überblickenden Energiebedarfs sein. Bei Containerpflanzen lohnt sich der Blick auf Rollbehälter und Kisten, in denen sie in den Gärtnereien und Gartencentern aufgestellt sind: Häufig verraten hier Aufkleber aus dem Logistiksystem die Herkunft. Oft sind es südliche Gefilde, Italien zum Beispiel. Neben dem langen Transportweg, ist hier eine weitere Sache ungünstig: Wenn die Pflänzchen in wärmeren Gebieten als unseren herangezogen wurden, sind sie häufig frostempfindlicher als regional gezogene, selbst wenn es sich um dieselbe Sorte handelt. Befinden sich die Mutterpflanzenquartiere, von denen die Jungpflanzen vermehrt werden, in

Nicht verführen lassen! Das ist leichter gesagt als getan. Aber wer mit einer Einkaufsliste passende Pflanzen shoppen geht, wird Wochen später im Garten für seinen eisernen Willen belohnt.

der Region, sind die Pflänzchen von Anfang an ans hiesige Klima angepasst. Ausfälle im ersten Winter sind seltener.

Klar, das Wenigste wird wohl „vor der eigenen Haustür" produziert. Aber falls doch bei dem einen oder anderen Produkt dieser glückliche Zufall eingetroffen ist, sollte man diesem regionalen Produkt den Vorzug geben, wenn man es sich irgendwie leisten kann und die Qualität stimmt. Ein geringerer Verbrauch fossiler Energien und weniger Schadstoffausstoß durch kürzere Transportwege sowie die Stärkung der Region samt Arbeitsplätzen sind gewichtige Argumente.

Vielleicht forderst du dich einmal selbst mit einer Challenge heraus: einen Monat lang nur Dinge für den Garten kaufen, die maximal 50 km auf dem Bu-

ckel haben. Mutmaßlich wird das bedeuten, dass du zum einen weniger kaufst – eine gute Erfahrung, weil man meist merkt, dass man den ganzen „Kram" gar nicht braucht. Zum anderen bist du gezwungen, um die Ecke zu denken; so findest du neue Quellen für deine Gartenleidenschaft ...

Neue Quellen erschließen

Wer auf der Suche nach Gemüsesetzlingen und Sommerblumen ist, kann auf regionalen Wochenmärkten fündig werden, wenn man Glück hat sogar unverpackt und vor Ort in einem Streifen Zeitungspapier eingeschlagen. Oft hat auch schon eine Frage über den Gartenzaun ein ganzes Gemüsebeet bestückt. Wer Gemüse erfolgreich selber aussät, hat meist mehr Pflanzen als er gebrauchen

In vielen Regionen etablieren sich Pflanzentauschbörsen. Hier geht es etwas hemdsärmeliger zu als im Gartencenter – oft aber auch viel geselliger und netter.

Ableger und überzählige Sämlinge werden oft in wieder-
verwendeten Plastiktöpfchen überreicht oder in selbst
gemachten Papiertöpfen.

kann. Gibst du dem Nachbarn drei Kürbispflanzen, gibt er dir zwei Brokkoli und eine Dahlienknolle, so einfach ist das häufig.

Vielerorts haben sich regionale Pflanzenbörsen etabliert, wo Privatleute überzählige Pflanzen und Ableger für wenige Euro abgeben, manches gar verschenken. Und wenn es das in deiner Region nicht gibt: Vielleicht möchtest du so etwas starten? Die Gemeinden sind häufig um einen nachhaltigen, nachbarschaftsfreundlichen Anstrich bemüht – ein Anruf beim Bürgeramt klärt, ob und wie eine Pflanzenbörse zu bewerkstelligen wäre. Und falls das zu aufwendig ist, ist diese Idee im Kleinen denkbar: Eine Pflanzentausch-Whatsapp-Gruppe, die mit ein paar Nachbarn anfängt, mausert sich vielleicht schneller als du denkst zu einer regionalen Gruppe erstaunlich erfahrener Gartenenthusiasten, die nicht nur Purpurglöckchen-Ableger teilen, sondern auch gute Ratschläge.

Noch ein Tipp für Fans von Online-Auktionsplattformen: Wer hier nach Pflanzen, Sämereien, Gartengeräten oder -deko stöbert, kann die Suchergebnisse nach dem gewünschten Umkreis um den eigenen Wohnort filtern lassen.

REFUSE, REPAIR & RECYCLE

Gartendeko aus Naturmaterialien kann man mit Geschick selber anfertigen und später auf dem Kompost entsorgen. Und wer etwas Figürliches sucht: Der Einkauf auf dem Töpfermarkt stärkt regionale Keramikkünstler.

Kennst du die Billig-Rosenscheren aus dem Discounter, das Zweier-Set für 7 Euro? Die, bei denen schon in der ersten Saison der Feststellmechanismus ausleiert und die Klingen nach jedem einzelnen Schnitt arretiert sind – von der nicht vorhandenen Schärfe der Klingen und der mauen Kraftübertragung mal ganz abgesehen.

Eine Gartenschere wird gefühlt jeden Tag gebraucht! Wer einmal mit einer Qualitätsschere geschnitten hat, wird sich schockverlieben. Das sind Geräte, für die man abends nochmal vom Fernseher aufsteht, wenn einem einfällt, dass das gute Stück noch draußen liegt.

Und kennst du die Polyresin-Putten, die nach kurzer Zeit im Garten so grau aussehen wie ein verwaschenes Feinrippunterhemd? Jetzt kann man sagen: „Ach, die paar Euro, das verschmerze ich." Mülltonne auf, Schreckensdring rein, rumms, Deckel zu. Aber glücklich macht das nicht. Und nachhaltig ist anders. Denn jede noch so geschmacklich fragwürdige Kitsch-Elfe wurde produziert, verpackt und meilenweit transportiert, ausgepackt, vom Kunden nach Hause gefahren … und das alles, um wenig später im Müllauto herumkutschiert und schließlich verbrannt zu werden. Sie nur über ihren Verkaufspreis zu definieren, wird der Sache nicht gerecht.

Wer partout unbändige Lust auf bunte Deko für eine Saison hat: Wie wäre es mit selbst gemachten Upcycling-Ideen?

Stopp Ex-und-hopp

Ich plädiere für wenige gute Stücke, ja, für die man auch etwas mehr ausgeben muss, die bei genauem Wortsinn aber preiswert sind – „ihren Preis wert". Und zwar weil sie das tun, was sie tun sollen: reibungslos funktionieren oder lange schmücken. Lange Rede, kurzer Sinn: „Weniger wegwerfen" heißt die Devise.

Eine andere, glücklich machende Alternative ist *Do it yourself*: Der Garten ist ein Experimentierfeld für Selbermacher und Improvisateure. Und für viele Projekte muss man nicht einmal ins Auto steigen, ja, noch nicht einmal den Abenteuerspielplatz Garten verlassen. Ideen à la „Aus dem Garten – für den Garten" findest du auf den nächsten Seiten.

Übrigens: Die allergrößten Ex-und-hopp-Artikel sind Plastikblumentöpfe. Fast sind sie zu reinen Transportbehältnissen degradiert: Zu Hause angekommen werden die Pflanzen ausgetopft und die Töpfe wandern in den Müll (wo sie ihren Weg in die Müllverbrennung finden). Theoretisch können sie über die gelbe Tonne recycelt werden. Jedoch werden schwarze Kunststofftöpfe von den Sortiermaschinen nicht erkannt – ein technisches Manko der Infrarotscanner der Anlagen, das dazu führt, dass die Töpfe aussortiert werden. Und die gängigsten Blumentöpfe sind nun mal (noch) schwarz. Aber es ist im Wandel ...

Töpfchen mit Köpfchen

Mittlerweile, vor allem aufgrund der Nachfrage der Kunden, gibt es Töpfe aus recyceltem Kunststoff. Die Hersteller wissen um diesen Pluspunkt und weisen groß auf den Töpfen darauf hin – für uns Verbraucher sind die Recyceltöpfe also leicht zu erkennen. Meist sind diese Töpfe so konzipiert, dass sie eben nicht durchs Raster der Müllsortieranlagen rutschen und wirklich wieder recycelt werden können: Sie sind häufig blau oder graugrün, meist ebenfalls mit einem Hinweis zur Wiederverwendung versehen und oft auch mit dem „Blauen Engel" ausgezeichnet. Sicher wird die Containerpflanze aufgrund ihres nachhaltigeren Heims etwas teurer, aber unterm Strich reden wir hier von Centbeträgen.

Es gibt auch Gärtnereien mit eigenen Töpfen, die diese vom Kunden wieder zurücknehmen und nach eigenen Angaben wiederverwenden.

Die herkömmlichen schwarzen Töpfe, die sich bereits im Schuppen stapeln oder sich vorerst doch immer mal wieder anfinden werden, kannst du so oft es geht wiederverwenden, zum Beispiel Jungpflanzen darin anziehen, und so ihre Bilanz verbessern.

#machsnachhaltig

PFLANZENNACHWUCHS IM UPCYCLING-TOPF

Jungpflanzen sind nicht auf den schnöden Plastik-container oder die Multitopfplatte angewiesen, sie lassen sich in vielerlei Gefäßen heranziehen. Da-bei immer auf ein Loch als Wasserabzug am Boden achten.

- leere Becher von Joghurt, Schmand und Co., oder eine Nummer größer: Buttermilchbe-cher und 1-kg-Joghurteimer
- gebrauchte Papp-Kaffeebecher
- Eierkartons
- Toilettenpapierrollen oder halbierte Küchenkrepprollen (an der Unterkante eingeschnitten und zum Boden zusammen-gefaltet)
- aufgeschnittene Tetrapaks
- aus Zeitungspapierstreifen gedrehte Töpfchen (mithilfe eines sogenannten Pot-makers, eine Piccolo-Sektflasche tut es aber auch)
- halbierte PET-Flaschen (das Oberteil kopf-über aufgehängt)
- Siebe und Seiher (aufgehängt und mit Zeitungspapier oder Küchenkrepp aus-geschlagen)

Junge Tomatensämlinge in selbst gedrehten Töpfchen aus Zeitungspapier: Sie können später mitsamt dem Töpfchen ausgepflanzt werden.

Das Samensammeln klappt nicht nur bei einjähri-gen Sommerblumen, sondern auch bei Gemüse-pflanzen. Hier sind allerdings F1-Hybriden sehr verbreitet.

Eigene Pflänzchen heranziehen

Wer seinen Pflanzennachschub selber zieht, kann ordentlich Geld sparen und vermeidet die unange-nehmen Begleiterscheinungen für die Umwelt, wie lange Transportwege, Pestizidgebrauch, torfhal-tige Erden (Seite 120) und schwer recycelbare Stan-dard-Plastiktöpfe (Seite 111). Wie wäre es mit Steck-lingen deiner Lieblingskräuter und Kübelpflanzen? Gut gelingt diese Vermehrungsmethode bei Laven-del, Rosmarin und Zitronenverbene. Aber auch bei anderen Pflanzen mit verholzenden Trieben ist es einen Versuch wert.

So geht's:

1. Schneide im Frühsommer, etwa ab Juni, ungefähr 10 cm lange Triebe, die bereits leicht verholzt sind, zurecht. Du erkennst die richtige Reife, wenn du die Triebe in lockere Erde stecken kannst, ohne dass sie sich verbiegen oder abbrechen.
2. Streife die Blätter von der unteren Hälfte des Stecklings ab. Blüten abknipsen.
3. Bei Arten mit großen Blättern weitere Blät-ter entfernen oder die Blätter einkürzen; das reduziert die Verdunstung.
4. In vorbereitete Töpfchen mit Anzucht-erde stecken. Einzeln in recht kleine oder zu mehreren in größere Töpfe setzen; bei letzter Variante zeigt die Erfahrung, dass die dicht am Rand gesteckten Stecklinge mit Vorliebe wurzeln.
5. Mit ein paar Holzspießen oder Stöcken und einer für etwas Frischluft mit kleinen Löchern versehenen Plastiktüte ein Mini-Gewächshaus improvisieren. In „gespann-ter" Luft, also bei hoher Luftfeuchtigkeit und möglichst gleichmäßiger Wärme, bilden sich zuverlässiger Wurzeln.
6. Hell, aber nicht in voller Sonne aufstellen. Sobald sich Wachstum zeigt, die Tüte ent-fernen.

SAMENECHTE SORTEN

Wenn du Samen deiner eigenen Pflan-zen ernten und zur Vermehrung nutzen willst, solltest du auf sogenannte samenechte bzw. samenfeste Sorten achten. Dann sind die Nachkommen – im Gegensatz zu F1-Hybriden – mit der Mutterpflanze weitgehend identisch (sofern du nicht verschiedene Sorten dicht beieinander wachsen lässt, sodass sie sich untereinander kreuzen könnten). Einige Versender haben sich auf samenechte Sorten spezialisiert.

#machsnachhaltig

PFLANZERDE AUS KOMPOST & CO

Es scheint die einfachere Lösung: Alle Gartenabfälle in die Biotonne werfen und bei Bedarf spezielle Pflanz-, Kräuter- oder Anzuchterde aus dem Gartencenter holen. Einfacher vielleicht, nachhaltiger nicht. Bei dieser Sorglos-Variante werden viele Kilometer zurückgelegt sowie pauschale Düngergaben und Plastikverpackungen in Kauf genommen.
Wer seine Gartenabfälle und (ungekochten) Küchenreste pflanzlichen Ursprungs auf dem eigenen

Grundstück kompostiert, entdeckt einige Vorzüge. Zunächst einmal ein schönes Gefühl relativer Autarkie: Du wirst aus dem Vollen schöpfen können und mehr Erde zur Verfügung haben, also du sicherlich einkaufen würdest. Wenn's hochkommt, lädt man sich in einem Anfall von Wahnsinn zehn 20-Liter-Säcke Erde ins Auto – das macht zwanzigmal Rein- und Raushieven. Wenn du die Säcke aufreißt, stinkt es erst einmal.
Dein eigener Kompost dagegen wird als wunderschöner, großer, dunkler, erdig duftender Haufen daliegen, du schaufelst passgenau in eine Schubkarre, kein Kunststoff weit und breit. Du weißt, dass wirklich nur „gute Sachen", also keine Fremdkörper oder mit Pestiziden in Berührung gekommene Materialien, Verwendung fanden. Und nur Du entscheidest, was du hinzufügst: Was soll in deine Substratmischung hinein? Möchtest du Dünger verwenden und wenn ja, welchen?

ZAHLEN & FAKTEN

Wer seine nährstoffhungrigen Pflanzen jedes Jahr im Frühjahr mit gut 3 l reifem Kompost pro Quadratmeter verwöhnt, braucht in der Regel keinen gekauften Dünger! Das entspricht etwa einem 10-l-Eimer Kompost auf 3 m².

Eigener Kompost ist die Basis vieler selbst gemischter Substrate. Je besser der Kompost – also gut durchgerottet, aber frisch und ohne Samen und Wurzelstückchen von Unkräutern –, desto besser die DIY-Erde.

Den Kreislauf stärken

Bei eigener Kompostierung bleiben die Rohstoffe im Kreislauf auf deinem Hof. Würdest du immer nur Biomasse wegfahren und keine Nährstoffe ausgleichend hineinbringen, verarmt der Boden – also bye bye Prachtstauden, adieu üppiges Gemüse! Es würden sich allerdings eine interessante Flora und Fauna einstellen, denn ein nährstoffarmer Standort bringt eine spezielle Vegetation hervor, die sehr reizvoll für Insekten ist. Aber dann müssen wir uns auch sehenden Auges für diese Variante entscheiden (zum Beispiel, indem wir eine Blumenwiese anlegen, Seite 92) und uns auf der anderen Seite nicht wundern, wenn der Blumenkohl mickert.

Qualitätssubstrate

Wer keinen Platz oder wirklich kein Interesse für einen eigenen Kompost hat, sollte bei fertigen Substraten im Interesse der Umwelt auf torffreie Varianten in Bioqualität achten. Da wird man bei den Billigheimer-Angeboten kaum fündig werden. Und am besten immer das Passende nehmen: Kräutererden sind meist nicht so stark aufgedüngt wie Blumenerde; zur Aussaat und für Stecklinge unbedingt Anzuchterde verwenden, sie ist nährstoffarm und hat eine feine Struktur.

ZAHLEN & FAKTEN

Bioerden sind nicht automatisch torffrei! Auch Biosubstrate dürfen Torf enthalten. Daher immer nach dem Hinweis „torffrei" Ausschau halten oder die Zusammensetzung lesen.

Gärtners Gold und Nährstoff-Booster: einen Kompost anlegen

Wenn es irgend geht, lege dir einen Kompost an! Er hat fast nur Vorteile: Du wirst einen Großteil deiner Gartenabfälle los und produzierst wertvolle nährstoffreiche, humushaltige Komposterde zum Nulltarif. Dabei legst du alle Wege mit der Schubkarre zurück und ersparst dir Autofahrten zum Grünschnittplatz. Nebenbei ernährst du noch vielerlei Mikroorganismen, Würmer und Larven von Insekten, die wiederum größere nützliche Tiere ernähren, bis hin zu Vögeln und Igeln.

So geht's:

1. Lege deinen Kompost an einer halbschattigen, gut mit der Schubkarre erreichbaren Stelle an, gern unter einer Baumkrone. Früher standen oft Holunderbäume neben dem Kompost: Das Kronendach brach prasselnden Regen und reduzierte das Ausspülen der frisch entstehenden Nährstoffe; ließ aber so viel Regen hindurch, dass der Kompost durchfeuchtet wurde.

2. Der Kompost braucht unbedingt Kontakt zum gewachsenen Boden, damit Kleinlebewesen einwandern und überschüssiges Wasser versickern kann.

3. Im Grunde braucht es keine Kompostbox, ein Haufen würde theoretisch ausreichen, hat aber den Nachteil, dass die flach auslaufenden Ränder austrocknen würden und dort die Rotte stoppen würde. Auch die Optik spricht für eine Umrandung: Verwende gekaufte Metallgitter oder Holzkomposte oder kreiere selber einen stabilen viereckigen, nach oben offenen „Kasten" mit luftdurchlässigen Wänden. Optimal ist, wenn der Kasten auseinanderzunehmen ist, dann kannst du ein Seitenteil öffnen und den fertigen Kompost leicht entnehmen. Ist er fix, musst du die Komposterde oben herausschaufeln – unbequem, aber nicht unmöglich!

4. Schichte nun Garten- und Küchenabfälle ein. Nicht auf den Kompost gehören: Essensreste, Fleisch, Fisch und Gekochtes sowie kranke Pflanzenteile (sicherheitshalber in die Mülltonne). Tipp: Kompost-„Profis" sammeln die Komponenten wie Putzreste von Obst und Gemüse, Rasen- und Staudenschnitt, Laub und Kleintierstreu separat, mischen dann portionsweise und schichten auf. Erfahrungsgemäß klappt es in kleinen Haushalten, mit entsprechend wenig, aber abwechslungsreichem Material und ein bisschen Planung, auch mit direktem Einfüllen in die Kompostmiete. Mit „Planung" ist gemeint, dass nicht an einem Tag das gesamte Grundstück gemäht und eine Woche später auf dem gesamten Grundstück Laub gerecht wird. Sondern an beiden Tagen von beidem ein bisschen – die perfekte Mischung.

GUTE MISCHUNG, GUTER KOMPOST

Mische Feuchtes mit Trockenem, Weiches mit Holzigem. Je besser die Komponenten zerkleinert und miteinander gemischt werden, desto schneller verrottet alles.

Selbst „alter" Kompost, der nicht mehr gut düngt, weil seine Nährstoffe bereits weggespült oder abgebaut wurden, ist immer noch ein prima Strukturverbesserer für schwere Böden.

5 Feuchte zu trockene Materialien an, denn die Rotte braucht Feuchtigkeit. Du wirst den optimalen Feuchtigkeitsgrad bald im Gefühl haben.

6 Gekauften Kompoststarter kannst du dir sparen, am besten gibst du ein paar Schaufeln Erde von einem alten Komposthaufen dazwischen. Oft werden auch die groben Bestandteile eines fertigen Komposthaufens herausgesiebt und auf den neuen Kompost gegeben. Darin sind unzählige Mikroorganismen enthalten, das sind die allerbesten natürlichen Kompoststarter *for free.*

7 In trockenen Sommern musst du den Kompost ab und zu „gießen", damit die Rotte im Inneren weiterläuft. Immer, wenn du einen Garten- oder den Komposteimer ausschwenkst, das Wasser nicht „in die Pampa" kippen, sondern auf den Kompost – aber natürlich nur bei komposttauglichen Rückständen im Gefäß wie Erde, Pflanzenteile oder Gemüseabfälle, also kein Spüli oder Ähnliches bitte.

8 Wenn der Kompost im Laufe der Rotte einmal umgesetzt wird, sodass Sauerstoff an die Komponenten gelangen kann, geht die ganze Prozedur schneller.

Je kleinteiliger und besser gemischt die Komponenten, desto fixer wird's Komposterde.

Der Traum vieler Gärtner: ein Umtopftisch. Hier werden Substrate gemischt und Töpfchen befüllt, und zwar in rückenschonender Arbeitshöhe.

Selbst gemischte Substrate

Eine gute und vor allem umweltfreundliche Hausmischung besteht aus selbst gemachtem, reifem Kompost, gemischt mit Gartenerde, manchmal auch zusätzlich Sand oder Tongranulat. Die Mengen der einzelnen Komponenten solltest du ausprobieren, denn jeder Kompost und jede Gartenerde hat unterschiedliche Nährstoffgehalte und Strukturen, und auch den jeweiligen Verwendungszweck solltest du beachten. Fürs Erste kannst du mit drei Teilen Gartenerde und einem Teil Kompost starten und offen sein für individuelle Experimente.

- Die Gartenerde gibt die Basis vor, je nachdem, ob du sandigen, lehmigen, sauren oder kalkhaltigen Boden hast.
- Reifer Kompost liefert Nährstoffe und eine lockere Struktur, länger gelagerter Kompost ist nicht mehr sehr nährstoffreich, sondern nur noch locker – auch das ist manchmal genau passend.
- Sand macht den Boden leichter, magerer und lässt Wasser besser abziehen.
- Tongranulat erhöht die Wasserspeicherfähigkeit.

Aussaaterde

Als Aussaatsubstrat eignet sich eine Mischung aus fein gesiebtem, abgelagertem Kompost (am besten Laubkompost), Sand und Gartenerde. Ein Sterilisieren der Mischung – angefeuchtet im Backofen oder in der Mikrowelle – bietet sich an, da die Keimlinge anfällig für Krankheiten und Schädlinge sind. Da du dabei auch Nützlinge abtötest, solltest du nur eine passgenaue Portion und so wenig wie möglich sterilisieren.

Update für den Boden

Wer seine Pflanzen stärken und mit einem Kraftschub versehen möchte, muss nicht zwangsläufig zu Düngern aus dem Handel greifen. Zur nachhaltigen Einstellung „Nichts rein, nichts raus" (Seite 13) passt es, Naturdünger selbst herzustellen, und zwar aus Biomasse aus dem eigenen Garten. Das gelingt ganz ohne Chemie, Elektrogeräte oder Fahrtwege, sondern nur mithilfe der Sonnenenergie. Selbst gemachte Pflanzenjauchen ergeben beliebte, schnell wirksame Flüssigdünger.

So geht's:

- Setze etwa 1 kg frische Pflanzenteile mit 10 l kaltem Wasser, bevorzugt Regenwasser, in einem großen Gefäß an und stelle es in die Sonne.
- Lasse die Mischung gute zwei Wochen gären, zwischendurch immer wieder mit einem langen Stock umrühren. Wenn die Mischung nicht mehr schäumt, ist sie fertig.
- Bei zu starker Geruchsbelästigung kannst du etwas Gesteinsmehl während des Gärprozesses hinzufügen. Aber man kann es nicht leugnen: Es stinkt!
- Zum Ausbringen unbedingt etwa 1:10 mit Wasser verdünnen, bei empfindlichen Pflanzen ruhig etwas mehr verdünnen.

DREI KLASSIKER FÜR DIY-JAUCHEN

- **Brennnesseln:** oft reichlich vorhanden, stickstoffreich
- **Beinwell:** stickstoff- und kaliumreich, es lohnt sich, ihn extra für Jauchen anzubauen
- **Acker-Schachtelhalm:** Einsatz als Pflanzenstärkungsmittel, kräftigt die Pflanzenzellen und macht sie widerstandsfähiger gegen Pilze

Kick für gesundes Bodenleben: Gib vier Handvoll reifen Kompost in 10 l Wasser und lasse die Mischung mindestens 24 Stunden stehen. Dieser Kompostauszug bringt viele Mikroorganismen an die Pflanzen und aktiviert das Bodenleben. Die festen Bestandteile können zurück auf den Kompost.

DIE SACHE MIT DEM TORF...

Viele Pflanzsubstrate im Handel sind torfhaltig, auch oder gerade die billigen. Torf bleibt in seiner Struktur lange locker, lässt Luft an die Wurzeln und hält – solange er stets leicht feucht ist – das Wasser gut. Trocknet Torf allerdings richtig aus, ist es schwer, ihn wieder zu benetzen. Außerdem hat er naturgemäß einen niedrigen pH-Wert, liegt also im sauren Bereich. Vielen Blumenerden wird daher als Ausgleich Kalk zugegeben. Da Torf von Haus aus nährstoffarm ist, ist er als Anzuchterde beliebt, außerdem kann er durch die Industrie nach Belieben aufgedüngt und somit in viele Richtungen abgewandelt werden. Er scheint ein ideales Heim für Pflanzen jeglicher Vorlieben zu sein – das dachte man zumindest lange.

Für die Umwelt mehr als bedenklich

Für die Umwelt ist die Nutzung von Torf hochproblematisch, werden doch immense Mengen benötigt. Torf wird vor allem in Hochmooren abgebaut – und zwar sehr viel mehr als sich im gleichen Zeitraum jemals neu bilden könnte. Somit ist er alles andere als nachhaltig. Um ihn abbauen zu können, müssen die Moore trocken gelegt werden, was zum einen die Lebensbedingungen der dort ansässigen Pflanzen und Tiere gravierend verändert und viele Arten verdrängt. Zum anderen sind im Torf der Moore riesige Mengen an Kohlendioxid (CO_2) gespeichert, die durch das Entwässern freigesetzt werden. Wo im großen Stil Moorboden entwässert wird, entweichen auch große Mengen des Treibhausgases in die Atmosphäre. Die mitunter weiten Transportwege des Torfs und die Zersetzung dort, wo er ausgebracht wird, verschlechtern die Bilanz weiter.

Torffreie Alternativen

Wenn man im Gartencenter einmal die Produktinformationen auf den Erd- und Substratsäcken anschaut, bekommt man einen Schreck, in wie vielen Produkten Torf enthalten ist, auch in Bioerde. Mittlerweile sind viele Gartenbesitzer für das Thema

Balkonblumen werden häufig in Torfsubstrat angeboten. Ist es stark durchwurzelt und erst einmal ausgetrocknet, nimmt es nur schwer wieder Wasser auf.

sensibilisiert: Trotz höherer Kosten ist das Prädikat „torffrei" für Verbraucher zunehmend ein wichtiges Kaufargument. Der Handel bietet torffreie Substrate häufig auf der Basis von Kokosfasern an, gemischt mit verschiedenen Zusätzen wie Rindenhumus, Holzfasern, Mykorrhizapilzen, Perlit, Blähton oder Bims. Möglicherweise sind Kokosfaser-Substrate auch noch nicht der Weisheit letzter Schluss, bedenkt man die weiten Transportwege. Es lohnt sich, genau zu beobachten, was sich hier in den nächsten Jahren so alles tut ...

Auf lange Sicht

Die Substrate, die der Hobbygärtner kauft, sind übrigens nur die eine Seite der Medaille. Die allermeisten Gärtnereien verwenden torfhaltige Erde für ihre Anzucht und der Konsument unterstützt das durch den Kauf der Containerware indirekt. Hier kann es helfen, immer wieder in Gärtnereien und Gartencentern nach Alternativen zu fragen, denn die Nachfrage hat Auswirkungen auf das Angebot.

#MACHSNACHHALTIG-INFOS

Bist du auf den Geschmack gekommen? Dann gibt es auf den folgenden Seiten ein paar Hinweise, wo du weitere Informationen bekommst. Aber das Wichtigste ist: Immer schön die Augen in der Natur offen halten. Was passiert in Wald und auf der Wiese – und kann ich daraus etwas für meinen Garten ablesen? Je besser man die natürlichen Prozesse durchschaut, desto leichter versteht man, wie der Garten tickt.

Bezugsquellen

Bingenheimer Saatgut: samenfestes Bio-Saatgut, teils in Demeter-Qualität, www.bingenheimersaatgut.de

Bio-Rosenschule Uckermark: ökologisch bewirtschaftete Rosenschule, Onlineshop unter www.rosenschule-uckermark.de

Dreschflegel: Bio-Saatgut, www.dreschflegel-saatgut.de

Gartenbedarf Richard Ward: Gartengeräte und -zubehör in solider Qualität, www.gartenbedarf-versand.de

Rieger-Hofmann: regionales Saatgut für Wildblumen und -gräser, www.rieger-hofmann.de

Rühlemann's: Saatgut und Pflanzen von Kräutern und Duftpflanzen, www.kraeuter-und-duftpflanzen.de

Staudengärtnerei Gaißmayer: Onlineshop mit Angabe der Lebensbereiche, www.gaissmayer.de

Templiner Kräutergarten: großes Sortiment an Saatgut, in Bio- und herkömmlicher Qualität, www.templiner-kraeutergarten.de

Zum Weiterlesen

Weitere Bücher der Autorin

Krause, Antje und Bauer, Wilhelm: Garten sucht Hühner, Verlag Eugen Ulmer, 2018

Krause, Antje und Bauer, Wilhelm: Warum Hühner scharren, nicken und picken, Verlag Eugen Ulmer, 2021

Krause, Antje: Trick 17 Garten und Balkon, Frechverlag, 2020

Mehr zum Thema …

Aufderheide, Ulrike: Rasen und Wiesen im naturnahen Garten, Pala-Verlag, 2011

Bloom, Jessi und Boehnlein, Dave: Praxisbuch Permakultur, Haupt-Verlag, 2019

Gastl, Markus: Mehr Natur im Garten, Verlag Eugen Ulmer, 2021

Gastl, Markus: Permakultur und Naturgarten, Verlag Eugen Ulmer, 2018

Grünefeld, Dettmer: Das Mulchbuch, Pala-Verlag, 2008

Hopfenmüller, Sebastian und Stangler, Eva: Bienen retten, Verlag Eugen Ulmer, 2021

Jäger, Cornelie: Klimaschutz braucht Moorschutz, Oekom-Verlag, 2020

Lepple, Annette: Garten ohne Gießen, Verlag Eugen Ulmer, 2021

Miller, Ian: Das Sense-Handbuch, Haupt-Verlag, 2017

Schwarzer, Elke: Plastikfrei Gärtnern, Verlag Eugen Ulmer, 2021

Im Netz

Rund ums Thema

Bundesministerium für Wirtschaft und Energie: Tipps für Alltag und Haushalt, Informationen zu Förderprogrammen, www.machts-effizient.de/haushalt und www.deutschland-machts-effizient.de

Deutscher Wetterdienst: Statistiken, Wetterlexikon mit anschaulicher Erklärung wichtiger wetter- und klimarelevanter Begriffe, www.dwd.de/DE/service/lexikon/Functions/glossar.html

Umweltbundesamt: Tipps für Alltag und Haushalt, www.umweltbundesamt.de/umwelttipps-fuer-den-alltag.

Zum Thema Grundwasser, www.umweltbundesamt.de/themen/wasser/grundwasser.

Zum Thema Regenwassernutzung, www.umweltbundesamt.de/umwelttipps-fuer-den-alltag/gartenfreizeit/regenwassernutzung

Nachbarschaftsnetzwerke

Nebenan.de: Netzwerk, dass Menschen derselben Region zusammenbringt, Tauschen von Geräten und Fähigkeiten, www.nebenan.de

Ökostrom

Kritischer Konsum: www.kritischerkonsum.de/energie/echte-oekostromanbieter

Polarstern: www.polarstern-energie.de/magazin/artikel/die-besten-oekostromanbieter

Utopia: www.utopia.de/ratgeber/oekostrom-tarifevergleich

Über die Autorin

Antje Krause ist Diplomingenieurin für Landschaftsplanung und seit vielen Jahren als Gartenbuch-Autorin und Lektorin tätig. Jede freie Minute verbringt sie in ihrem großen Land- und Naturgarten, den sie rein ökologisch und so nachhaltig wie möglich bewirtschaftet. Ihr liegen besonders die kleinräumigen Kreisläufe im Garten am Herzen – nach dem Motto „aus allem etwas machen". Dort hinein spielen Recycling und Upcycling, Deko aus Weidenflechtwerken und anderen Naturmaterialien, Kompostieren und Mulchen. Sie lebt mit Hund und Hühnern nördlich von Berlin.

Mein Dank

Besonderer Dank gilt Simon Lachner für seinen fachlichen Rat und seine Geduld. Danke an Markus Gastl und Jeanine Fornaçon für ihre fachlichen Anregungen. Dem Verlag Eugen Ulmer in Stuttgart, ganz besonders Doris Kowalzik und Christine Hutschenreuther, vielen Dank sowie meiner Lektorin Alessandra Kreibaum. Außerdem danke ich Dr. Cornelie Jäger, Hubertus Krause, Harry Jesgarz und Winfried Reul für ihre Unterstützung. Herzlichen Dank an Martina Dittus und Medina Meier für ihre Freundschaft und Begleitung durch 10 Jahre Freiberuflichkeit. Danke an meine liebe Gartenfreundin Ingrid Christmann.

Simon Lachner ist Klimagerechtigkeitsaktivist, das heißt, er setzt sich gegen durch den Klimawandel hervorgerufene Ungerechtigkeiten ein. Zusammen mit anderen organisiert er in verschiedenen Bewegungen Demonstrationen oder erklärt in direkter Aktion, warum

Register

seiner Meinung nach ohne schnellen Kohleausstieg und ohne eine Verkehrswende eine lebenswerte Zukunft auf dem Spiel steht. Besonders wichtig ist ihm eine Veränderung in den Ernährungsgewohnheiten; er sagt: „Durch unseren Konsum von Lebensmitteln können wir dreimal am Tag eine Entscheidung treffen: für mehr Nachhaltigkeit, weniger Tierleid und gegen Ausbeutung und Umweltzerstörung." Aus diesem Grund ist er Veganer und plädiert für saisonales Gemüse aus solidarischer, regionaler Landwirtschaft.

Markus Gastl ist Naturschützer, Buchautor und Visionär. Bei regelmäßigen Führungen in seinen Gärten zeigt er, dass sich mit natürlicher Vielfalt, Nachhaltigkeit und Kreativität Paradiese für Tier und Mensch gestalten lassen. Er ist außerdem Gründer des Hortus-Netzwerkes – ein loser Zusammenschluss interessierter Gärtnerinnen und Gärtner, die ihren Garten mithilfe des „Drei-Zonen-Modells" für die Natur verbessern wollen. Mehr unter: **www.hortus-netzwerk.de** und **www.hortus-insectorum.de**

Dipl.-Ing. Jeanine Fornaçon ist freie Landschaftsplanerin und FLL-zertifizierte Baumkontrolleurin. In ihren Projekten spielen nachhaltige und klimaangepasste Pflanzungen eine zentrale Rolle. Bei ihren Planungen für Privatgärten, Höfe, Terrassen, Kitas und Urban-Gardening-Projekte experimentiert sie und probiert – gern mit den Akteuren zusammen – neue Pflanzkombinationen aus. Als gebürtige Berlinerin setzt sie sich für eine grüne, vielfältige Stadt ein und regt in partizipativer Projektarbeit zur Mitgestaltung des eigenen Wohn- und Lebensumfeldes an. Mehr unter: **www.jeanine-fornacon.com**

A

Akku 88
Arbeitsaufwand 98, 102
Artenvielfalt 5, 10
Aruncus dioicus 75

B

Balkon 55, 63
Beleuchtung 70
Benjeshecke 103
Benziner 88
Benzin sparen 59, 104
Bergminze 56
Bewässerung 40
Bewässerungssysteme 38
Boden 12, 44, 46, 114, 118, 120

C

Calamintha nepeta 56
Centranthus ruber 57
Clinopodium nepeta 56
CO_2 Siehe Kohlenstoffdioxid

D

Defizitbewässerung 25
Detox, Gartengeräte 84
Diasporenbank 14, 93
Dictamnus albus 75
Diptam 75

E

Elektrogeräte 88
Energie
– erneuerbare 62
– graue 68, 107
– nicht erneuerbare 62

– Solar- 60, 63
– Sonnen- 60, 76
Energie sparen 59, 97

F
Fahrten 104
Fasten, Gartentechnik- 86
Flächenkompost 51
Frühbeet 76

G
Gartenbrunnen 27
Gartengeräte-Detox 84
Gartentechnik-Fasten 86
Geißbart 75
Geld sparen 5, 17
Geräte-Sharing 84
Gewächshaus 82
Gießtipps 34, 38
Graue Energie 68, 107

H
Hacken 42
Handgeräte 88, 90
Heizung, Notfall- 82
Hesperis matronalis 74
Hochbeet 78
Hühner 13
Humus 13, 14, 44, 46

K
Klimawandel 4, 21
Kohlenstoffdioxid (CO$_2$) 4, 62, 65
Kompost 33, 45, 114, 116
Kreislauf, natürlicher 12, 115
Kübelpflanzen 55

L
Lebensbereiche 56
LED-Lampen 71
Licht 70

M
Mikroklima 15
Milpa-Beet (Maya-Beet) 102
Mistbeet 79
Mulchen 52
Mulchmähen 95
Mulchwurst 52

N
Nachtviole 74
Niederschlag 23

P
Permakultur 17
Pflanzen
– lichtbringende 74
– standortgerechte 17, 54
– trockenheitsverträgliche 56
Pflanzenjauchen 118
Pflanzerde, eigene 114, 118
Pflanztöpfe 111, 112
Photosynthese 60
Photovoltaik 63
Physikalische Prinzipien 80

R
Rasen 92
Rasenroboter 94
Regengarten 29, 36
Regentonne und Regenfass 28, 81
Regenwasser 23, 24, 27, 28

S
Salbei 57
Salvia nemorosa 57
Schutzklassen für Beleuchtung 71
Sharing, Geräte- 84
Solarenergie 60, 63
Solarleuchten 72
Solarthermie 63
Sonnenenergie 60, 76
Spindelmäher 95
Spornblume 57
Standortgerechte Pflanzen 17, 54
Strom sparen 59, 62
Sukzession 14, 93

T
Torf 120
Trinkwasser 26, 32
Trockenheitsverträgliche Pflanzen 56
Tröpfchenbewässerung 39

U
Upcycling 112

V
Verdunstung 24, 42

W
Wasserkreislauf 25
Wasser sparen 21, 54
Wiese 52, 92

Z
Zisternen 31

Bildquellen

Colourbox.de: Titelbild   Engelke, Gudrun: Klappe vorn innen   Fleuchaus, Frank: S. 40 | **FloraPress:** BIOSPHOTO/
Patricia Méaille: S. 29 li.; Edition Phönix: S. 45; Alexandre Petzold: S. 51 Mi.; BIOSPHOTO/Gilles Le Scanff & Joëlle-Caroline
Mayer: S. 70; Daniela Kunze: S. 87 u.; Evi Pelzer: S. 15; GWI: S. 72; Jacques Durand: S. 77 u.; Otmar Diez: S. 51 u.; Ute Klaphake:
S. 20 | Gastl, Markus: S. 53 beide   GrüneKamera/Baumjohann/Dorothea Baumjohann: S. 100   Krause, Antje: S. 6,
11 o. li., 11 o. re., 12, 18, 83 li., 83 re., 94, 103 o.   mauritius images: U2/U3, S. 11 u., 14, 16, 35 o., 41 o, 46, 54, 55, 63, 75 re., 77 o.,
81, 91, 95, 101, 103 u., 106, 108, 109, 122   Mayländer, Michaela: S. 1 (Biene), 7, 19, 117 u. (Efeublatt), 87 o. li., 90 u. (Herz)
Rost, Johannes-Christian: S. 78   Schwarzer, Elke: S. 41 Mi. | **Shutterstock.com:** Aleksey900: S. 29 re.; AlexandrinaZ:
S. 107; Alisusha: S. 41 u.; ALPA PROD: S. 85; audaxl: S. 115; Bodor/Tivadar: S. 4 (Blatt); Digihelion: S. 113; Erik Koole Photography:
S. 118; Floki: S. 38; Flower_Garden: S. 37; Gheorghe Mindru: S. 112; Halfpoint: S. 87 o.; Hans Verburg: S. 102 re.; HkanB: S. 22; Iloyd
S. 93; Iva Villi: S. 74; IvanaStevanoski: S. 47; Jo Raphael: S. 69 re.; JoannaTkaczuk: S. 121; Joshua Resnick: S. 9; KaliAntye: S. 51 o.;
majivecka: S. 27; Manfred Ruckszio: S. 75 li.; Maria Sbytova: S. 99; Marinodenisenko: S. 64; Matthew J Thomas: S. 69 li.; Mikael
Hjerpe: S. 56; Miriam Doerr Martin Frommherz: S. 96; MMCez: S. 102 li.; Monika Wisniewska: S. 89; Monkey Business Images:
S.105; NayaDadara: S. 117 o.; Nevada31: S. 35 u. (Gießkanne), 59 (Stecker), 65 (Sonne); nikiteev_konstantin: S. 3 (Pfütze),
21 (Tropfen); Oksana_Schmidt: S. 110; Ole Schoener: S. 57 li.; Oleg_Yakovlev: S. 73 u.; Olga_Ionina: S. 57 re.; olmarmar: S. 58;
ouzbuyukbas: S. 33; Patrick Daxenbichler: S. 24, 67; Porstocker: S. 111; PPSR: S. 90 o.; Ruslan Khismatov: S. 61; Smeerjewegpro-
ducties: S. 23; Suzanne Tucker: S. 119; Vaclav Mach: S. 43; Vector store: S. 73 o. (Biene); vividvic: S. 123 (Vogel); Yganko: S. 87 Mi.

Impressum

Die in diesem Buch enthaltenen Empfehlungen und
Angaben sind von der Autorinmit größter Sorgfalt
zusammengestellt und geprüft worden. Eine Garantie
für die Richtigkeit der Angaben kann aber nicht gegeben
werden. Autorin und Verlag übernehmen keine Haftung
für Schäden und Unfälle. Bitte setzen Sie bei der
Anwendung der in diesem Buch enthaltenen Empfehlungen Ihr persönliches Urteilsvermögen ein.
Der Verlag Eugen Ulmer ist nicht verantwortlich für die
Inhalte der im Buch genannten Websites.

**Anmerkung zur Schreibweise (Gendering) der
weiblichen, männlichen und unbestimmten Form:**
Ausschließlich aufgrund der deutlich besseren Lesbar-
keit wird in diesem Werk auf die jeweilige Mehrfach-
nennung oder Anpassung der Schreibweise bestimmter
Bezeichnungen verzichtet.

**Bibliografische Information der Deutschen
Nationalbibliothek**
Die Deutsche Nationalbibliothek verzeichnet diese
Publikation in der Deutschen Nationalbibliografie;
detaillierte bibliografische Daten sind im Internet über
http://dnb.d-nb.de abrufbar.

© 2021 Eugen Ulmer KG
Wollgrasweg 41, 70599 Stuttgart (Hohenheim)
E-Mail: info@ulmer.de
Internet: www.ulmer.de
Projektleitung: Doris Kowalzik
Konzept: Christine Hutschenreuther
Lektorat: Alessandra Kreibaum
Herstellung: Katharina Merz
Reihen- und Umschlaggestaltung: Michaela Mayländer,
Stuttgart, www.sistermic.de
Satz: Katja von Ruville, Frankfurt a. M.
Reproduktion: timeRay, Jettingen
Druck und Bindung: Pustet, Regensburg
Printed in Germany

ISBN 978-3-8186-1363-1

MIX
Papier aus verantwor-
tungsvollen Quellen
FSC® C014889